AF262034

LES CORPS-FRANCS EN 1870

QUARANTE ANS APRÈS

Les Corps-Francs

Pendant la Guerre Franco-Allemande

1870-1871

PAR

ARSÈNE THÉVENOT

Ancien Franc-Tireur de l'Aube

TROYES

IMPRIMERIE GUSTAVE FRÉMONT, RUE URBAIN IV, 85

1912

REPRODUCTION

Reproduction autorisée pour les journaux ayant un traité avec la Société des Gens de Lettres.

VENTE

Cet ouvrage est en vente, au prix de 50 centimes l'exemplaire, à la Librairie Sorlot, rue Notre-Dame, à Troyes, à la Librairie Gradassi-Royer, à Arcis-sur-Aube, et chez l'Auteur, à Lhuître.

AVANT-PROPOS.

Tous les hommes, en général, aiment à raconter les évènements dont ils ont été les témoins, les acteurs ou les héros, parce qu'ils éprouvent une satisfaction personnelle d'amour-propre à se mettre en scène, en pensant que ce qui les concerne et les intéresse doit intéresser également tout le monde. Ce n'est donc pas de l'égoïsme pur, mais de l'égoïsme atténué, et c'est ce sentiment humain de vanité d'un côté, et de curiosité de l'autre qui alimente principalement la conversation, la discussion, la chronique et l'histoire.

Mais parmi les diverses classes de la société, au point de vue professionnel, ce sont généralement les militaires qui mettent le plus de soin et d'ardeur à parler de leurs prouesses qui, il faut bien le dire aussi, prêtent plus que toutes autres actions à l'intérêt et à la curiosité, puisque le sort et la sécurité des nations dépendent souvent de leurs armées.

De tous temps, en effet, des chefs distingués, comme Jules César, écrivirent le récit de leurs campagnes, heureuses ou désastreuses, et l'on sait combien d'ouvrages remarquables ont été publiés en France comme en Allemagne, au sujet de la funeste guerre Franco-Allemande de 1870-1871.

Mais, indépendamment des officiers supérieurs, qui sont bien placés et documentés pour traiter les questions militaires aux divers points de vue techniques, stratégiques et historiques, de nombreux et simples soldats, n'ayant souvent qu'une instruction rudimentaire, tiennent aussi un journal où ils inscrivent soigneusement, jour par jour, leurs marches, leurs étapes et toutes les expéditions auxquelles ils prennent part, comme le fit Jacques Danton, de Saint-Remy-sous-Barbuise, de 1794 à 1800; et cela sans autre préoccupation que celle d'en conserver le souvenir pour eux, leur famille et leurs descendants.

C'est ce que fit également M. Basile Gaudion, de Plessis-Barbuise, sergent-major au 8e de ligne, ayant reçu une excellente instruction primaire, qui assista aux batailles les plus meurtrières de la guerre Franco-Allemande, où son régiment fut presque anéanti; puis au siège de Metz où il fut fait prisonnier et passa sept mois en Prusse. *Ses*

Souvenirs d'un Prisonnier de Guerre peuvent être cités comme un modèle du genre, par le style alerte, la précision et l'intérêt du récit, ainsi que par le sentiment du plus pur patriotisme qui s'en dégage.

C'est pendant cette même guerre que l'auteur de la présente notice, engagé volontaire aux Francs-Tireurs de l'Aube, prit également des notes sur les expéditions de cette compagnie. Ces notes un peu hâtives furent publiées dans le journal l'*Aube*, à Troyes, au mois de septembre 1871 ; mais, depuis cette époque, les faits en question entrent aujourd'hui dans le domaine de l'histoire et, par conséquent, ils demandent à être revus et corrigés avec la sévérité et l'impartialité d'un historien dégagé de tout sentiment préconçu et de tout intérêt personnel, pour n'envisager que l'intérêt de la vérité. C'est donc une œuvre d'histoire locale à laquelle la médaille commémorative accordée aux anciens combattants survivants de cette époque, par la loi du 9 novembre 1911, donne, en ce moment, un nouveau regain d'actualité.

En résumé, ce travail comprend les quinze paragraphes ou chapitres suivants :

Formation des Corps-Francs.— Enrôlement aux Francs-Tireurs. — Service des Francs-Tireurs en ville. — Expéditions à Romilly et dans la Marne. — Révocation des fonctions de vérificateur à Troyes. — Retour des Francs-

Tireurs à Troyes. — L'affaire de Chennegy et ses suites. — Escouade de Francs-Tireurs dans la forêt de Chaource. — Les Eclaireurs de l'Aube. — Combat de Marcilly-Conflans et ses suites. — Suite et fin des Eclaireurs de l'Aube. — Funérailles du comte André Picot de Dampierre. — Combat de Nogent-sur-Seine. — Anniversaire de ce combat. — Médaille des anciens combattants de 1870-1871 et demande d'enquête à ce sujet.

Lhuître, le 30 mars 1912.

LES CORPS-FRANCS

PENDANT LA GUERRE FRANCO-ALLEMANDE

1870 - 1871

I. — Formation des Corps-Francs.

Qualités et défauts des Corps-Francs, exaltés par les uns, conspués par les autres. Uniforme et armement des Francs-Tireurs de l'Aube.

Je ne veux pas emboucher la trompette héroique pour célébrer les vertus guerrières des corps-francs, en général, et des francs-tireurs, en particulier ; mais, je veux simplement rappeler leur organisation et leurs expéditions dans le département de l'Aube et les départements voisins, pendant cette funeste guerre franco-allemande de 1870-1871, qui avait été préparée et voulue par le terrible chancelier de fer, Bismarck, le faussaire de la dépêche d'Ems, et dont l'empereur Napoléon III fut déclaré à tort responsable.

Exaltés par les uns, honnis et conspués par les autres, ces petits corps de volontaires avaient, en général, les qualités et les défauts de notre armée elle-même ; c'est-à-dire qu'ils réunissaient, à une indomptable énergie et un courage à toute épreuve, des défauts et des vices organiques qui firent tomber en non-valeur une partie de leurs brillantes qualités individuelles, dont une plus habile direction aurait pu tirer un meilleur parti. Mais, bornons-nous à rendre hommage à la bonne intention et à la bonne volonté du plus grand nombre, sans nous appesantir sur les erreurs et les fautes de quelques-uns.

Quand la guerre éclata, le 15 juillet 1870, et que l'on s'occupa, à la hâte, d'organiser les gardes nationales, la société de tir qui existait à Troyes, depuis deux ans, et qui était armée de la carabine Minié, avec le sabre-baïonnette, obtint de conserver son unité, son armement et son organisation ; mais elle changea de tenue en même temps que de nom. Elle prit le nom de compagnie des *Francs-Tireurs de l'Aube*, qui forma la huitième compagnie de la garde nationale sédentaire de Troyes, et adopta un nouvel uniforme de drap, à la fois plus chaud, plus solide et plus sévère, que le pantalon et la blouse de coutil marron de la société de tir.

Mais cette nouvelle compagnie vit aussitôt son effectif diminuer successivement par l'appel des mobiles et celui des mobilisés, qu'elle dut remplacer par de nouveaux adhérents, choisis parmi les plus valides et les plus patriotes des autres compagnies de la garde nationale ; car, les francs-tireurs se donnèrent pour principale mission de protéger la ville de Troyes et le département de l'Aube, et même les départements voisins, par des excursions et des reconnaissances sur les points où la présence de détachements ennemis pouvait être signalée.

Il se forma également, à Troyes, en même temps, une cohorte de gardes nationaux à cheval, qui avait pour but de concourir, avec les francs-tireurs, à assurer la défense et la sécurité de la ville et du département. Mais nous ignorons quel était l'effectif de cette compagnie, qui fit peu parler d'elle, et ne prit part à aucune expédition avec les francs-tireurs.

D'autres compagnies de francs-tireurs s'organisèrent ainsi dans tous les départements de l'est, et même du centre, qui pouvaient être menacés par l'invasion ; et ce fut le département des Vosges qui précéda tous les autres par sa glorieuse compagnie, habillée de toile grise, avec blouse serrée à la ceinture et chapeau gris mousquetaire à larges bords, sous lequel ils avaient une fière allure, que justifièrent leurs hauts faits sur de nombreux champs de bataille.

Cependant, les francs-tireurs n'étaient pas assez nombreux pour s'exposer à combattre seuls en plaine, et ils ne pouvaient le faire qu'étant annexés à d'autres troupes. Mais leur but principal était de dissimuler leur marche pendant la nuit, et de se tenir à l'abri pendant le jour, dans les montagnes ou dans les forêts traversées par des routes, d'où ils tenaient en respect les maraudeurs ennemis, qui faisaient des incursions dans les départements non encore occupés par leurs troupes, pour y commettre des déprédations ou y lever des réquisitions de guerre.

Mais ce qui faisait de la compagnie de l'Aube une véritable troupe d'élite, c'est qu'elle n'était pas accessible au premier venu, parce que ses adhérents étaient tenus de s'armer et de s'équiper à leurs frais, ce qui entraînait, pour chaque homme, une dépense moyenne de trois cents francs. Mais l'Etat leur fournissait les munitions de poudre et de plomb pour la fonte des balles de calibre, comme à la garde nationale.

Leur uniforme se composait d'un pantalon bouffant, en gros drap noir, avec passe-poil rouge sur la couture de côté, et dont le bas, plus étroit, était renfermé dans des guêtres, jambières en cuir fauve, montant jusqu'aux genoux ; puis, d'une tunique courte, de même drap, et parements rouges au collet et galons aux manches, laquelle tunique était serrée à la taille par une forte ceinture de cuir jaune ; enfin, d'un képi noir galonné rouge et surmonté, en avant, d'une grenade pompon, et orné d'un écusson rond, tricolore.

Quant à l'équipement, il comprenait un sac ou une musette de toile, pour provisions diverses ; une giberne en cuir fauve, pour munitions de poudre, balles et capsules.

Nous avons dit que les francs-tireurs étaient armés de la carabine Minié, de petit calibre et de longue portée, et du sabre-baïonnette. Pour les tirs à la cible, cette carabine, avec point de mire et échelle de précision, était réglée à quatre cents mètres, et il n'était pas rare de faire mouche. Elle se chargeait simplemeut à poudre, avec la balle conique, de trente millimètres de long sur dix millimètres de diamètre, passée à la graisse et bourrée directement sur la poudre.

II. — Mon enrôlement aux francs-tireurs de l'Aube.

Ma maison mise à la disposition du service des ambulances. — Pièces justificatives. — Instruction et exercices militaires.

Etant à cette époque, vérificateur des poids et mesures à Troyes, je sollicitais de mon chef hiérarchique, M. le Préfet de l'Aube, l'autorisation de prendre un congé pour m'incorporer aux francs-tireurs de l'Aube, pensant que c'était pour moi, à ce moment, la meilleure manière dont je pouvais servir mon pays. J'informais, en même temps, ce fonctionnaire, ainsi que M. le Président du Comité départemental de Secours aux Blessés militaires, que je mettais à la disposition du service des ambulances ma maison, avec des lits, ainsi qu'en témoignent les pièces ci-après :

CABINET
DU PRÉFET
DE L'AUBE

Troyes, le 16 août 1870.

Monsieur,

J'ai reçu la lettre par laquelle vous mettez à ma disposition des locaux et des lits pour les blessés de notre glorieuse armée.

Je vous félicite de cet acte de patriotisme, et je vous remercie de votre concours.

J'ai transmis votre proposition au Comité central des secours, dont vous trouverez ci-joint la lettre et la dernière circulaire.

Recevez, Monsieur, l'assurance de ma considération très distinguée.

Le Préfet de l'Aube,

BOYER DE SAINTE-SUZANNE.

Monsieur Thévenot, vérificateur à Troyes.

COMITÉ DÉPARTEMENTAL
DE SECOURS AUX BLESSÉS
MILITAIRES DES ARMÉES
DE TERRE ET DE MER
ET DE LA GARDE MOBILE

Troyes, le 17 août 1870.

A Messieurs Thévenot et Grados,

Messieurs,

J'ai transmis au Comité de secours la proposition généreuse que vous avez bien voulu lui faire pour les blessés.

Le Comité vous adresse ses remerciements, et il vous donne avis que votre proposition a été inscrite sur ses registres.

Lorsque les besoins du service le réclameront, vous serez prévenus.

Recevez, Messieurs, l'assurance de ma considération distinguée.

Le Président du Comité,

E. BONAMY DE VILLEMEREUIL.

Je fus muni, à cette occasion, du brassard et du drapeau de la Convention de Genève, dûment estampillés de la Préfecture. Je dois ajouter, qu'étant marié et ayant un enfant âgé de quelques mois seulement, que sa mère nourrissait au sein, après en avoir perdu cinq en nourrice, je laissais partir la mère et l'enfant, pour les mettre à l'abri des émotions et des dangers qu'ils auraient pu courir par l'invasion dont le département de l'Aube était menacé. Ils se retirèrent donc à Bergues, dans le département du Nord, chez un receveur des contributions indirectes, M. Verneuil, mon ami intime, que j'avais connu à Arcis-sur-Aube, où il avait résidé avec sa femme et ses enfants.

C'est donc ce départ qui m'avait permis d'offrir ma maison et mon mobilier au Comité de Secours, comme on vient de le voir.

Revenons, maintenant, à nos francs-tireurs, qui avaient, pour la plupart, tout à apprendre du métier militaire. La compagnie forma un effectif d'environ 70 hommes, âgés de 25 à 45 ans, mais tous pleins d'entrain et de bonne volonté, commandés par d'excellents chefs et instructeurs comprenant un capitaine, un lieutenant, un sous-lieutenant et deux sergents-majors.

Le cadre de cette compagnie se trouvant ainsi formé, on s'occupa aussitôt de l'instruction militaire qui fut poussée très activement par des exercices matin et soir, où l'on faisait marcher de front le maniement des armes, l'école de peloton et l'école de tirailleur.

On doit, à ce sujet, mentionner comme des instructeurs ayant fait preuve à la fois de capacité, de zèle et de dévouement, M. Bordier, lieutenant, pour l'école de soldat ; M. Segmuller, son successeur, pour l'école de peloton et tirailleur, et M. Corberon, sergent, pour les exercices généraux et l'escrime à la baïonnette.

Le reste du temps était occupé par les marches et les tirs à la cible, qui formaient, en quelque sorte, la partie récréative, toujours égayée par les chansons de marche, les propos de caserne, les bons mots et les lazzis de l'étonnant et intarissable boute-en-train qu'était le caporal Nérat, peintre dans la rue du Temple. Du reste, il avait tellement la bosse de la comédie, le *vis comica*, qu'il devint, après la guerre, un comédien de profession assez distingué.

III. — Service des francs-tireurs en ville.

Leur première expédition au faubourg Saint-Jacques.

Après le départ des troupes régulières de la garnison de Troyes, et avant l'armement de la garde nationale, les francs-tireurs furent chargés, avec les sapeurs-pompiers et les gardes nationaux, de veiller à la sûreté de la ville en montant la garde à l'Hôtel de Ville, à la caserne de Croncels et sur d'autres points.

Le 26 août, un détachement des nôtres se trouvant de garde au poste de Saint-Jacques, fut informé que des cavaliers prussiens se trouvaient du côté de Feuges. On envoya dix hommes en reconnaissance sur la route d'Arcis, sous la conduite du lieutenant Bordier. Ceux-ci firent répandre la nouvelle que cinq cents francs-tireurs et gardes-nationaux étaient échelonnés le long de la route, pour attaquer les Prussiens. Grâce à cette ruse, les trois cents cavaliers uhlans qui se disposaient à venir à Troyes, changèrent de direction et marchèrent sur Mergey, Villacerf et Payns. Mais notre petite escouade qui s'était avancée jusqu'à Massonville (1), faillit tomber au pouvoir de l'ennemi, et n'eut que le temps de gagner les vignes pour échapper aux Prussiens qui apparaissaient sur le versant de la côte.

Le soir du même jour, un autre détachement de francs-tireurs se rendit à Payns pour protéger les ouvriers qui devaient travailler pendant la nuit à réparer les dégâts commis pendant le jour, par les coureurs prussiens, sur la voie ferrée et sur la ligne télégraphique.

IV. — Expéditions à Romilly-sur-Seine et dans le département de la Marne.

Dangers de ces excursions. Saisies de réquisitions. Représailles de l'ennemi. Bon accueil à Romilly. Retour dans la Marne. Situation critique. Retraite sur Romilly et retour à Troyes. Seconde expédition, avec saisie de réquisitions, sans rencontre avec l'ennemi.

Le 14 septembre, quelques éclaireurs ennemis, au nombre de vingt-sept, arrivent à l'improviste à Romilly, mais la ferme attitude de la population suffit à leur faire évacuer la ville. Cependant, les habitants, craignant leur retour en plus grand nombre, font demander, par le maire, le secours des francs-tireurs de l'Aube.

Le soir du 15, on fait l'appel des hommes de bonne volonté pour cette expédition, et nous partons en omnibus, au nombre d'une trentaine, pour arriver à Romilly, à trois

(1) Maison isolée sur la route d'Arcis, entre Troyes et Feuges. Elle n'existe plus.

heures du matin, après avoir fait un arrêt aux Grès, à l'hôtel Mariotte, pour prendre un vin chaud, car la nuit est très froide.

Après avoir pris les ordres du maire, M. Camille Lenfant, notaire, et du commandant de la garde nationale, le détachement se met en marche dès le point du jour, guidé par un honorable habitant, M. Philippon, comme éclaireur.

La journée est employée à reconnaître les bois de Romilly, de Marcilly-sur-Seine et de Conflans, et les divers bras de la Seine, afin de s'assurer des avantages qu'ils pouvaient offrir pour l'attaque ou pour la défense.

Nous visitons ensuite quelques autres villages, où l'on nous informe que les Prussiens, qui occupent le département de la Marne, sont venus lever des réquisitions d'animaux de boucherie.

Mais ces excursions en plein jour, dans un département occupé par l'ennemi, n'étaient pas sans nous exposer aux plus grands dangers, en circulant à découvert pour nous rendre d'un village dans un autre. En effet, en suivant les côteaux, nous pouvions être vus de tous les côtés ; et, en suivant le fond des vallons, nous courions le risque d'être surpris et bloqués. C'est, cependant, ce que nous fîmes. Mais, pour éviter d'être pris en bloc et cernés, notre chef nous fit marcher en file indienne, à une très grande distance les uns des autres, de sorte que, en cas de surprise, le plus grand nombre aurait toujours pu échapper.

Arrivés au village, on plaçait des sentinelles à l'extrémité des rues, pendant que l'officier et son escorte se rendaient à la mairie pour se renseigner sur l'ennemi et sur ses réquisitions. Quand les réquisitions étaient prêtes et non livrées, l'officier les saisissait en en donnant un reçu au maire, pour couvrir la responsabilité de celui-ci. Mais on prévoit tout de suite ce qui arrivait : c'est que, quand l'ennemi venait prendre livraison de sa réquisition enlevée, il en exigeait sur le champ une nouvelle, double de la première. De sorte que les malheureux habitants, pris entre deux dangers, préféraient le moindre, qui était celui de l'ennemi. Aussi, les francs-tireurs étaient-ils autant redoutés des habitants des pays occupés que les Prussiens eux-mêmes. C'est, du reste, ce qui arriva dans la commune de Barbonne-Fayel, où l'on requit, le soir, des voitures, pour nous ramener à Romilly, avec deux porcs et deux veaux que nous avions saisis, comme prise de guerre destinée à l'ennemi, et qui, le lendemain matin, furent envoyés à Troyes et destinés à l'hôpital de cette ville.

Comme on le voit, le véritable rôle, la mission protectrice sage et prudente des corps-francs n'était donc pas de faire des incursions et des saisies de réquisitions dans les communes, pour exposer les habitants aux représailles et à la fureur de l'ennemi ; mais, bien plutôt, de se tenir prudemment et soigneusement dissimulés dans les bois, dans le voisinage des villages et des routes, pour surveiller le passage de l'ennemi, donner des renseignements sur sa marche, sur ses forces et sur ses actes, et lui inspirer une crainte salutaire qui le tienne sur la réserve.

Cependant, au point de vue général des guerres d'invasion, il faut bien dire que, de tous temps, il a été de règle et d'usage, pour les armées belligérantes, de ruiner complètement les contrées qu'elles traversent, et de détruire toutes les communications derrière elles, et cela dans le but de ne laisser à l'ennemi, qui voudrait poursuivre l'envahisseur, aucune ressource pour s'approvisionner sur son passage et aucun moyen de l'atteindre, de manière à obliger celui-ci à prendre une autre route parallèle, où il commettra les mêmes déprédations, dans le même but. Et voilà pourquoi la guerre est le pire des fléaux qui puissent affliger l'humanité, qui devrait bien chercher tous les moyens de l'éviter.

Mais, est-ce à dire qu'une nation paisible devra subir tous les affronts et les outrages d'une voisine arrogante et incommode, qui lui cherchera des querelles sous tous les prétextes les plus fallacieux ? Cruelle énigme du patriotisme !

Revenons maintenant à Romilly, où fut établi notre quartier général, et où nous fûmes logés chez les habitants, qui nous firent tous le plus cordial accueil. Plusieurs se joignirent à nous le lendemain, et cette ville organisa, après notre départ, une compagnie de francs-tireurs, à l'instar de la nôtre, sous la direction de MM. Philippon et Caffet. J'eus l'honneur d'être l'hôte de M. Camille Lenfant, l'aimable maire qui, avec sa famille, me fit la réception la plus cordiale.

Des nouvelles arrivées fort tard, dans la nuit du 16 au 17 septembre, annonçaient la présence, à Sézanne, d'un corps d'armée ennemie de huit mille hommes, qui laissait supposer, aux habitants des communes voisines, l'apparition prochaine de nouveaux éclaireurs prussiens. Nous nous mettons en marche, dès le matin du 17, pour explorer de nouveau les campagnes de Conflans, Esclavolles, Saron, etc. Vers sept heures du soir, au moment où, après une journée infructueuse, on se disposait à revenir à Troyes, on apprend que deux cents Prussiens viennent de passer à Pleurs. Le retour est ajourné, et, à dix heures du soir, on retourne sur Conflans, Potangis et Bethon, où l'on arrive à deux heures du matin.

Après une halte d'une heure, on repart pour la Belle-Etoile, point central de la forêt de la Traconne. Sous la direction d'un brigadier forestier, nous reconnaissons les bois environnants, tandis que deux de nos hommes se déguisent en paysans, en blouse, pour se rendre en éclaireurs à Sézanne, afin de savoir ce qui s'y passe.

Nous nous établissons sous bois, sur la lisière qui borde la route d'Orléans. La position est très bonne, car elle domine au loin les pays voisins, dans lesquels l'arrivée des Prussiens ne peut échapper à notre vue.

A huit heures et demie, le médecin de Barbonne passe devant nous, reconnaît le garde qui se trouvait sur la route, et lui dit que les Prussiens sont à Barbonne, précisément pour y lever les réquisitions que nous avons saisies la veille, et qu'ils doivent doubler, pour les ramener à Sézanne.

Nous quittons notre position, et, par une marche forcée de plus de quinze kilomètres, nous tournons en partie la forêt de la Traconne, et nous portons à l'extrémité nord de Barbonne, où, d'après l'indication du médecin, les Prussiens devaient passer.

Tout-à-coup, on apprend qu'ils se dirigent vers la Forestière. Nous reprenons notre marche précipitée, pour regagner notre première position ; mais l'ennemi avait sur nous une avance de deux kilomètres, par suite des nombreux détours que nous avions été obligés de faire pour passer inaperçus, et des accidents du terrain qui ralentissaient notre marche.

Nous courons sur Bethon pour leur couper la retraite ; mais, en arrivant à la Belle-Etoile, nous découvrons les derniers charriots qui sont escortés de mille deux cents Prussiens. Nous laissons cette troupe trop forte pour nous, quand nous apprenons, d'un habitant du pays, qu'à la nouvelle de notre présence dans la contrée, et croyant toujours avoir affaire à des forces supérieures, ils ont abandonné un convoi de réquisitions à Chantemerle, pour songer à leur salut.

Nous retournons à Barbonne, où le maire nous apprend que les Prussiens occupent actuellement toutes les communes environnantes : Saudoy, Chichey, Sézanne, Les Essarts-le-Vicomte et La Forestière, qui forment autour de nous un cercle parfait. En outre, deux régiments de cuirassiers blancs campés à Saudoy, à deux kilomètres de Barbonne, sont avertis de notre présence. La situation est critique pour notre petite troupe ; il ne nous reste plus qu'une route ouverte, et, encore, le sera-t-elle longtemps ?

Enveloppés par des forces considérables, après une marche forcée et continue de vingt-quatre heures, sans prendre de nourriture, nous décidons notre retour en passant par Fontaine-Denis, seule route libre, puis Marcilly et Romilly, où nous arrivons exténués, à dix heures du soir. Le lendemain, 20 septembre, nous rentrions à Troyes.

Deux jours après, sur une nouvelle demande du maire de Romilly, un autre détachement de la même compagnie de francs-tireurs, dont je fis également partie, repartait, sous la conduite du capitaine Lefèvre, pour aller surveiller les mêmes localités, que l'ennemi menaçait de nouvelles réquisitions.

Cette expédition, comme la première, ne donna lieu à aucune rencontre ; mais plusieurs convois de vivres, non accompagnés par la troupe, furent saisis par nous et dirigés, partie sur Romilly et partie sur la ville de Troyes, où nous étions de retour le 27 septembre.

Depuis cette époque, jusqu'à l'arrivée des Prussiens à Troyes, notre compagnie ne fut plus appelée à sortir, et elle continua ses exercices journaliers, auxquels on ajouta plus fréquemment l'école de tir.

V. — Ma révocation des fonctions de vérificateur des Poids et Mesures à Troyes.

Vengeance personnelle de M. Lignier, ancien candidat blacboulé sous l'Empire. Arrêté de révocation contre lequel je proteste. Lettre du citoyen Cottet, mon successeur, ancien vérificateur à Arcis, ancien révolutionnaire victime du 2 décembre, érigé en grand homme à Troyes. Comparaison entre nos deux révocations. Moralité qui s'en dégage. Omission du prénom de « Napoléon » sur la plaque de la rue Ambroise-Cottet.

Après le désastre de Sedan et la révolution du 4 septembre 1870, qui en fut la suite, M. Lignier, de Pougy, ancien commissaire du gouvernement provisoire de 1848, à Troyes, et ancien député à l'assemblée constituante, qui était rentré dans la vie privée, après le 2 décembre 1851, fut de nouveau envoyé à Troyes, comme préfet de l'Aube.

Or, en 1861, sous l'Empire, il avait été candidat à la députation, en concurrence contre le baron de Plancy, candidat officiel dans l'arrondissement d'Arcis-sur-Aube, où j'étais alors vérificateur des poids et mesures. Mon devoir était, naturellement, de soutenir le candidat officiel qui, du reste, jouissait d'une légitime popularité. Je pris part, en effet, à cette élection, comme je l'ai raconté dans mes *Souvenirs d'un vieux Bonapartiste*. M. Lignier échoua et m'attribua son échec, dont il me garda une violente rancune.

Donc, en devenant préfet de l'Aube, alors que j'étais devenu vérificateur des poids et mesures à Troyes, il se trouvait mon chef hiérarchique et pouvait, à son gré, satisfaire sa vengeance personnelle contre moi.

Cependant, pour des causes que je n'ai pas à rappeler ici, et qui sont exposés dans mes souvenirs précités, j'avais lieu de penser que ses griefs étaient apaisés, et que sa simple loyauté me garantissait la sécurité de mes modestes fonctions, surtout étant donnée la situation que j'occupais comme fonctionnaire en congé, pour servir aux francs-tireurs de l'Aube.

A ma grande surprise, il en fut tout autrement, et, le dimanche 9 octobre 1870, à huit heures du soir, un agent de la police municipale de Troyes m'apporta l'arrêté de révocation me concernant, ainsi libellé :

CABINET   PRÉFECTURE DE L'AUBE
DU PRÉFET
DE L'AUBE   Nous, Préfet du département de l'Aube,

Vu le décret du 25 mars 1852.

      Arrêtons :

M. Thévenot, vérificateur des poids et mesures de l'arrondissement de Troyes, est révoqué.

Troyes, le 28 septembre 1870.

Le Préfet de l'Aube,
Signé : LIGNIER.

Pour expédition :
Le Préfet de l'Aube,
LIGNIER.

Notifié à Monsieur Thévenot, avec invitation de faire la remise du service entre les mains du vérificateur adjoint.

Troyes, le 9 octobre 1870.

LIGNIER.

Comme on le voit, cette révocation illégale et arbitraire ne s'appuie et ne se justifie sur aucun motif, et le nom de mon successeur n'est pas indiqué, parce que sa nomination fut retardée de quelques jours, pour dissimuler qu'elle était aussi la cause de ma disgrâce, puisqu'il s'agissait de caser un ami politique du préfet.

Quoi qu'il en soit, le lendemain matin, je protestai énergiquement par une lettre à M. Lignier, contre la mesure odieuse qui me frappait d'une manière aussi brutale et révoltante, dans ma situation et dans mon honneur, et je l'informai de mon intention bien arrêtée de poursuivre la réparation de cette spoliation par tous les moyens en mon pouvoir, dès que la France serait pourvue d'un gouvernement régulier.

C'est ce que je fis plus tard, devant les pouvoirs publics, devant la Chambre des Députés et devant le grand tribunal de l'opinion publique, par des pétitions, des brochures et des articles de journaux, ainsi que j'en ai donné les textes et les détails dans la brochure précitée, notamment de la page 45 à la page 52 inclusivement.

Bref, pendant quarante ans, j'ai poursuivi cette campagne de publicité, en faveur des fonctionnaires subalternes, exposés au même abus de pouvoir qui m'avait frappé, et j'ai enfin la satisfaction de voir, aujourd'hui, ces humbles, dévoués et utiles fonctionnaires de toutes les carrières administratives, à peu près assurés de conserver jusqu'à leur retraite, leurs modestes fonctions, à la seule et juste condition de les bien remplir et de se conduire honnêtement.

Et, si cette heureuse réforme, à laquelle j'ai eu l'honneur de prendre une si large part, ne peut plus m'être d'aucune utilité, à la fin de ma carrière, je suis heureux, du moins, qu'elle puisse profiter à d'autres, et je trouve ma part de récompense assez belle. C'est pourquoi je m'empresse d'en féliciter et d'en remercier le gouvernement actuel, en regrettant seulement qu'il ne me fournisse pas de plus fréquentes occasions de le louer de ses actes.

Quant à mon successeur, il se fit connaître à moi par la lettre que voici :

DÉPARTEMENT   SERVICE DES POIDS ET MESURES
   DE L'AUBE

ARRONDISSEMENT   Troyes, le 2 novembre 1870.
   DE TROYES

—   Monsieur Thévenot,

Disposé à réorganiser, le plutôt (*sic*) possible, le bureau des poids et mesures, qu'à ma grande surprise j'ai trouvé dans un état déplorable de désordre et de malpropreté, je requiers de votre obligeance, l'enlèvement, dans le plus bref délai, de tous les papiers, livres et autres objets n'appartenant pas au bureau, et étrangers aux poids et mesures.

J'ai bien l'honneur de vous saluer.

COTTET.

P. S. Veuillez vous entendre à ce sujet avec M. Brunet, vérificateur adjoint.

Si l'état déplorable de désordre et de malpropreté signalé ci-dessus, n'avait pas été une grossière et gratuite goujaterie de l'auteur de cette lettre, j'aurais pu répondre que le reproche se trompait d'adresse, et qu'il fallait le faire à M. Brunet, qui gérait seul le bureau en mon absence, car je ne pouvais être à la fois au bureau et à l'exercice ou en expédition. Mais je fis observer en même temps à mon successeur qu'il paraissait ignorer lui-même quels étaient les papiers administratifs appartenant ou n'appartenant pas au bureau ou au vérificateur, lui-même, qui était chargé de s'en approvisionner, puisqu'il s'était servi de mon papier à lettre pour m'écrire son impertinence. En effet, à cette époque, tous les papiers du bureau, à la seule exception des Registres portatifs d'inscription des assujettis, étaient aux frais exclusifs du vérificateur principal chef de bureau ; ce qu'il aurait dû savoir.

Un mot, maintenant, sur ce M. Ambroise Cottet, dont la ville de Troyes a voulu faire un grand homme à la manque, en donnant son nom à la principale rue du faubourg Saint-Martin, qui rappelait celui de cette ancienne commune, annexée à la ville de Troyes en 1857.

Ambroise-Napoléon Cottet était un ancien vérificateur des poids et mesures à Arcis-sur-Aube, où, après la révolution du 24 février 1848, il posa sa candidature à la députation et obtint une vingtaine de voix.

Ce chiffre minime et dérisoire fut suffisant pour amorcer son ambition, et, se prenant désormais pour un homme politique d'avenir, c'est-à-dire de poids, il ne garda plus aucune mesure et se lança à corps perdu dans la révolution, ou du moins dans les idées révolutionnaires.

Il protesta, naturellement, contre le coup d'Etat du 2 décembre 1851, fait sans sa participation, et où le prince Louis-Napoléon, président de la République, sûr d'avoir le peuple avec lui, fit arrêter les députés qui conspiraient son renversement, en cherchant les moyens de le faire arrêter lui-même. Mais ayant voulu continuer son agitation et son hostilité ouverte contre le gouvernement, après que le plébiscite du 10 décembre suivant eut légalisé l'acte sauveur accompli huit jours auparavant, le Préfet de l'Aube dût inviter le sieur Cottet à opter entre ses fonctions de vérificateur à Arcis, et sa révolte ouverte contre le gouvernement légal auquel il refusait de prêter serment de fidélité. .

C'est dans ces conditions qu'il fut révoqué et qu'il revint à Troyes avec sa famille pour y continuer son hostilité gouvernementale. Il parvint ainsi à se faire prendre pour un conspirateur sérieux, et fut compris parmi les déportés envoyés à Lambessa en 1852.

Il passa deux ans en Afrique ; mais il faut croire que cet exil n'était pas bien sévère, puisque MM. Marcel Habert et Cottet furent employés par l'Administration de l'Algérie pour travailler à la confection du plan d'Alger.

Rentré en France en 1854, et placé comme comptable à la banque Buxtorf, à Troyes, il fut réexpédié en Afrique par la commission mixte, en 1858, après l'attentat de la bombe Orsini, par application de la loi de sûreté générale. Il y resta deux nouvelles années et vint reprendre sa place chez M. Buxtorf en 1860.

Ce furent donc ces quatre années de séjour forcé en Algérie qui lui valurent les palmes du martyr et qui firent sa fortune et sa gloire, comme victime du 2 décembre. En effet, après avoir émargé pendant plusieurs années à la fameuse pension que touchent probablement encore ses descendants, il fut érigé en grand homme par la ville de Troyes qui, après lui avoir fait de solennelles funérailles civiles à sa mort, arrivée le 3 février 1880, a donné son nom à l'ancienne rue de Saint-Martin, par délibération du Conseil municipal, en date du 11 août 1906, prise sur la proposition du conseiller Floiras.

Mais, j'y songe, pourquoi a-t-on omis d'inscrire le prénom *Napoléon* que portait M. Cottet, sur la plaque indicatrice de la rue qui porte son nom ? Sans doute parce que l'irréconciliable adversaire de Napoléon III, tenait certainement ce prénom de Napoléon Ier, qui était à l'apogée de sa gloire, au moment de la naissance de M. Cottet, et dont son père était probablement un admirateur.

La vie humaine a de ces ironies-là !

Mais M. Cottet, dit-on, était le fils de ses œuvres. Né à Troyes, le 20 mars 1808, Ambroise-Napoléon Cottet, fils d'un modeste tisserand, avait suivi un cours de mathématiques appliquées à l'industrie, professé par M. Leymerie, dont il était le meilleur élève, et devint lui-même, dit-on, un assez bon professeur.

Loin de moi la pensée de vouloir discuter ou amoindrir le mérite personnel de M. Cottet ; mais combien ne pourrait-on pas compter, à Troyes et dans le département de l'Aube, d'autres hommes qui, d'un rang plus humble encore, se sont élevés à un niveau supérieur, par leur intelligence et leur assiduité à l'étude et au travail, et en faveur desquels personne n'a battu la grosse caisse comme pour celui-ci.

On sait qu'après la révolution du 4 septembre 1870, accomplie à Paris, grâce à l'invasion allemande, tous les ratés, les affamés et les rastaqouères qui grouillaient dans les bas fonds sociaux, montèrent tout-à-coup à la surface, et se ruèrent à la curée des préfectures, des sous-préfectures et autres sinécures de tout repos, tandis que tous les bons Français, même ceux qui pouvaient en être dispensés par leur âge ou leur situation, s'étaient engagés pour défendre le territoire, le drapeau et l'honneur de la France. On peut donc juger de la valeur, de la moralité et du patriotisme des deux régimes, par le rôle joué et la place occupée par les partisans de l'un et de l'autre.

Du reste, si l'on voulait établir une comparaison entre la révocation de M. Cottet, à Arcis, en 1852, et la mienne, à Troyes, en 1870, on pourrait observer que M. Cottet était en révolte ouverte contre un gouvernement établi par la volonté nationale, tandis que je l'ai été par un gouvernement usurpateur qui s'était emparé du pouvoir avec la complicité de l'ennemi, et auquel je n'avais manifesté aucune hostilité, étant occupé avant tout à défendre la France, comme on l'a vu.

Et, maintenant, revenons aux francs-tireurs.

VI. — Retour des francs-tireurs à Troyes.

Envahissement du département de l'Aube. Dislocation partielle des francs-tireurs de l'Aube. Retour de ma femme. Entrée des Prussiens à Troyes, sans coup férir.

J'ai dit précédemment qu'après notre second retour de Romilly, nous n'avions plus quitté la ville de Troyes, où continuèrent nos exercices journaliers, en même temps que nous concourions, pour notre part, avec la garde nationale sédentaire, à assurer la sécurité de la ville, par des postes de garde et de police à la caserne de Beurnonville et aux autres portes de la ville.

Mais, après la révocation qui m'enlevait mes moyens d'existence, et en présence de l'envahissement de la France et de l'investissement de Paris qui allaient bientôt intercepter toutes les communications, je crus prudent d'engager ma femme à revenir à Troyes avant que cette ville ne fut elle-même occupée par l'ennemi. Obligée de prendre des lignes intermédiaires qui lui firent faire de grands détours, elle éprouva de grandes difficultés dans ce retour avec son enfant au sein, et elle eut une malle de vêtements qui resta égarée pendant un an à la gare de Saincaise près de Nevers, et enfin elle arriva à Troyes, deux jours avant les Prussiens.

Ce même jour, le 7 novembre, les francs-tireurs de l'Aube, informés de l'approche de l'armée du prince Frédéric-Charles, tinrent conseil sur la détermination à prendre, et il fut décidé que les hommes libres partiraient le lendemain, à midi précis, de la gare de Troyes, où ils se donnèrent rendez-vous, pour se diriger de là, à pied, sur Vauchassis, Bercenay et autres pays boisés qui pouvaient les couvrir, pour surprendre l'ennemi et lui faire une guerre d'escarmouche selon leur système, comme on le verra bientôt par la suite.

Mais l'occupation de la ville de Troyes et du département de l'Aube par les troupes allemandes devait amener forcément la dislocation partielle de la compagnie par la retraite de tous ceux de ses membres qui, étant mariés et pères de famille, possédaient à Troyes des maisons de commerce ou des établissements industriels qu'ils ne pouvaient pas abandonner sans s'exposer à une ruine complète. Ceux-ci, au nombre de plus de moitié de la compagnie, furent donc obligés, comme tous les gardes-nationaux, du reste, de rendre ou de dissimuler leurs armes, sous peine d'avoir à craindre les plus graves représailles de l'ennemi, s'ils avaient été dénoncés.

Je fus donc, moi aussi, forcé, à mon grand regret, de me séparer de ceux de mes compagnons d'armes qui continuaient de tenir la campagne, pour rester avec ma femme et mon fils. Mais je chargeais, en même temps, un célibataire de mes amis de continuer le journal de route qu'il avait commencé avec moi, afin de pouvoir résumer toute la campagne, quand cette malheureuse guerre serait terminée. Par conséquent, à partir de ce jour, 7 novembre 1870, le récit des faits et gestes des francs-tireurs, et ensuite des éclaireurs de l'Aube, provient principalement des notes de cet excellent collaborateur.

L'armée du Prince Frédéric-Charles, se dirigeant sur Orléans pour combattre l'armée de la Loire, sous les ordres du général Bourbaki, fit son entrée à Troyes, le 9 novembre, à neuf heures du matin, et prit possession de la ville sans coup férir, bien que l'on eut ébauché des travaux de défense par des fossés, des fascines et des clôtures de planches, au faubourg Saint-Jacques et à l'entrée de la gare ; ce qui ne pouvait guère arrêter l'ennemi qui ne se donna pas la peine de détruire ces faibles obstacles, qui n'auraient pu, du reste, que faire bombarber la ville, s'ils avaient été plus sérieux, et si l'on eut essayé une défense impossible, comme à Nogent-sur-Seine.

VII. — L'affaire de Chennegy.

Suite des expéditions des francs-tireurs libres et continuation du journal de marche. Officier tué par le sergent Corberon. Deux récits qui concordent et se complètent l'un et l'autre. Odyssée du boucher Cointat. Suite des hostilités, cruelles représailles contre les habitants. Huit prisonniers, envoyés à Troyes pour être fusillés, sont grâciés. Mort de l'instituteur Simonnet.

Le 11 novembre, nous nous trouvions au hameau des Valdreux où nous venions de déjeuner, lorsque des gens de Chennegy vinrent nous annoncer que des Prussiens étaient en ce moment dans leur commune et qu'il serait facile de s'en emparer, vu leur petit nombre.

Craignant les suites de cette affaire pour le village, nous voulions attendre l'ennemi pour l'attaquer à son passage sur la route ; mais ces habitants nous traitèrent de poltrons, en insistant pour que nous marchions sans retard sur Chennegy, où il était, selon eux, facile de se rendre maître des hommes qui se trouvaient réunis à la maison commune. Sur ces observations, nous partimes à la garde de Dieu.

Avant d'entrer au village, la colonne fut divisée en trois pelotons, pour garder les issues principales. Celui du milieu, commandé par le sergent Corberon, arriva le premier et attendit quelques minutes, pour donner aux deux autres le temps de prendre leurs positions ; puis il se mit en marche, baïonnette au canon, en se dirigeant au pas de course sur la maison commune.

Deux soldats prussiens, qui se trouvaient en faction à la porte, se sauvent à notre approche. Le chef du peloton, suivi de ses hommes, court à la porte de l'école, en face de laquelle un officier d'artillerie est assis à l'estrade et occupé, avec le maire et l'instituteur, à préparer des billets de logement pour ses troupes.

Sommé de se rendre, il répond en tirant son revolver ; mais il tombe à l'instant foudroyé de deux balles, l'une en pleine poitrine, l'autre dans la gorge. En tombant il avait ôté son casque, et, avant d'expirer, il demanda à embrasser celui qui l'avait tué, selon les lois de la guerre. Ce qui est simplement héroïque, de la part de cet officier.

Mais, c'est égal, je n'hésite pas à blâmer le sergent Corberon, dont la vie n'était pas en grand danger par le revolver de l'officier, à vingt-cinq pas. Son tir, peut-être instinctif, a été trop précipité. Il aurait dû réitérer sa sommation de se rendre et se borner à faire cet officier prisonnier, ne fût-ce que pour éviter à la malheureuse commune de Chennegy les terribles représailles qu'elle eut à subir, et qui faillirent être plus funestes encore.

On court aussitôt à l'écurie de l'auberge voisine, où l'on s'empare des chevaux, malgré une vive opposition de la femme de l'aubergiste ; et l'on s'occupe, en même temps, de retrouver les deux soldats fugitifs. L'un, qui était maréchal des logis et frère de l'officier tué, est pris, dans sa fuite, par le peloton de droite ; et l'autre, après d'assez longues recherches, est découvert sous un lit, où un habitant l'avait fait cacher.

Ces deux prisonniers, avec les chevaux et les armes dont on s'était emparé, sont aussitôt emmenés aux Valdreux, et, de là, dirigés sur Auxerre, sous la garde de quelques hommes.

En même temps, le reste du détachement s'élance sur la route d'Estissac, où arrivaient quatre cavaliers ennemis, sur lesquels tirent des gardes nationaux embusqués dans les bois. Nous les tirons aussi à environ six cents mètres, et nous blessons un homme qui, après être tombé sur le cou de son cheval, qui, lui-même, tombe sur ses genoux, se relève et s'enfuit avec le reste de la troupe.

On sonne la rentrée au bois, mais nous ne retrouvons qu'une partie de nos hommes de ce côté. Comme nous remontions la côte pour gagner le bois, nous en voyons descendre M. Cointat, marchand boucher à Saint-Mards-en-Othe, ancien militaire, qui, à cheval et un clairon à la main, se rendait dans le village en éclaireur.

Arrivé à Chennegy, ce cavalier est assailli par une douzaine de Prussiens qui commençaient à arriver également, et qui tirent sur lui sans l'atteindre, mais en tuant son cheval. Il n'a que le temps de vider les étriers et de se sauver en jetant ses armes. En franchissant une haie, il reçoit une nouvelle décharge qui coupe le paisseau qu'il tenait à la main. Alors, manquant d'appui, il tombe à la renverse, son pantalon s'accroche au genou, et l'homme se trouve suspendu, la tête en bas. Il se dégage rapidement, gagne des lieux d'aisances, où il enlève ses insignes militaires, puis entre dans la maison voisine, qui était celle d'un bourrelier, où il s'habille à la hâte, d'une blouse, d'un pantalon et d'une casquette, puis prend une brosse et se met à astiquer des harnais, comme s'il était un ouvrier de la maison.

Les Prussiens, qui avaient suivi sa piste, arrivent en foule, et lui demandent, à lui-même, s'il sait où est le franc-tireur dont le cheval est tombé plus loin. Il répond qu'il n'a rien vu, et les Prussiens s'en vont. Mais, entendant la dénonciation que des paysans faisaient à ceux-ci, en leur disant que l'homme qu'ils cherchaient était celui auquel ils venaient de parler, il monte rapidement au grenier, s'échappe par une lucarne en sautant, du haut en bas, derrière la maison, et s'enfuit pendant que les ennemis font irruption à l'intérieur. Il franchit lestement plusieurs haies, entre dans une autre maison, met un tablier devant lui et se coiffe d'un vieux chapeau qu'il enfonce sur ses yeux, charge un petit tonneau sur une brouette, et passe ainsi au milieu des Prussiens, qui cernent la maison du bourrelier. Arrivé hors du village, il laisse là sa brouette et son tonneau, et s'empresse de revenir aux Valdreux, où il fut sauvé.

Mais cette odyssée du boucher Cointat, si miraculeusement sauvé de la mort, fut la première vengeance que les Prussiens, qui arrivaient pour loger à Chennegy, essayèrent de tirer de la mort de leur chef. Mais elle prouve, en même temps, à quels dangers étaient exposés les francs-tireurs, souvent dénoncés par les paysans, qui voulaient ainsi se mettre à l'abri des représailles de l'ennemi.

Ah ! comme nous l'avons déjà dit, la guerre est une terrible calamité, ainsi qu'on va continuer de le voir. Le gros des Prussiens, en arrivant, ayant entendu les coups de feu, et comprenant ce qui s'y passait, avait pris position dans la plaine, à l'extrémité du village. L'artillerie, avec quatre pièces de canon, s'établit sur le versant d'une côte, en face de celle où nous étions embusqués, et se mit à mitrailler le bois, mais sans atteindre aucun de nous.

Pendant ce temps, l'infanterie, déployée devant nous et devant les gardes nationaux de Saint-Mards, commença une fusillade qui dura deux heures, et à laquelle nous répondîmes du bois, avec succès.

Les Prussiens, au nombre d'environ mille cinq cents hommes, croyant avoir affaire aux mobiles du Morbihan et aux mobilisés de l'Aube, s'empressèrent de demander du renfort à Troyes, à Bouilly et à Estissac. Mais, en voyant arriver ces masses nombreuses de renfort pour l'ennemi, nous nous repliâmes sur Saint-Mards, avant que le bois fut entièrement cerné par l'ennemi.

Dans cette affaire, l'ennemi eut soixante-trois hommes tués ou blessés, tandis que, de notre côté, nous n'eûmes qu'un seul blessé. Au moment où il épaulait, le caporal Jules Doré reçut une balle qui, après avoir frappé la crosse de sa carabine, ricocha en le blessant au bras.

Après le combat, les Prussiens saccagèrent une partie du village, que les habitants avaient presque tous déserté pendant l'action, pour chercher un refuge dans les bois environnants.

S'étant emparés de quatre-vingts hommes, ils les firent mettre sur deux rangs devant la maison d'école, en leur annonçant qu'ils allaient être fusillés pour avoir tué un officier de l'armée allemande. Mais, à ce moment, l'un des deux prisonniers que l'on avait faits, et qui était parvenu à s'échapper à la faveur de l'engagement, arriva sur le lieu de l'exécution, et apprit, fort heureusement, à ses compatriotes, que cet officier avait été tué par les francs-tireurs.

Le chef dit alors aux paysans assemblés que, au lieu de quatre-vingts, il n'en fusillerait que huit, pour apprendre aux habitants à se faire un devoir d'avertir l'armée allemande quand il y aurait des francs-tireurs dans le pays.

Trois de ces malheureux essayèrent de se sauver : deux furent tués à coups de fusil, et le troisième, ayant reçu un coup de sabre qui lui coupa les mollets, mourut de ses blessures.

Le tambour de la commune fut également tué d'un coup de feu, au moment où il essayait de fuir de sa maison. Ce furent les seules victimes. Les Prussiens renvoyèrent les autres pour préparer leurs logements, en leur disant de mettre en sûreté ce qu'ils avaient de plus précieux, parce que, le lendemain, avant leur départ, ils mettraient le feu au village. Heureusement, cette menace ne fut pas exécutée. Mais un corps de Wurtembergeois arrivant à Chennegy, après le départ des premières troupes, et apprenant ce qui s'était passé la veille, lança quelques bombes, qui mirent précisément le feu à la maison commune, où beaucoup de personnes avaient caché ce qu'elles avaient de plus précieux, sachant que les belligérants respectaient généralement les écoles. Deux autres maisons furent également la proie des flammes, à la suite de ce bombardement.

Voici, maintenant, sur les mêmes événements de Chennegy, un second récit, qui émane également d'un des principaux témoins et victimes de ce sombre drame, qui m'a également communiqué ses notes, qui confirment sur tous les points les précédentes et les complètent pour la fin.

Le 11 novembre 1870, à dix heures du matin, trois uhlans, dont un officier, arrivent à Chennegy, et se rendent immédiatement en parlementaires chez le maire, qui les ramène chez l'instituteur, M. Simonnet, occupé à faire sa classe ; mais qui, en sa qualité de secrétaire de la mairie, devait préparer avec eux des billets de logement pour les troupes allemandes qui allaient arriver le soir.

Aussitôt, l'instituteur se met en devoir de préparer les billets, quand, tout-à-coup, les francs-tireurs, qui avaient appris l'arrivée des trois cavaliers, cernent la maison d'école et ouvrent la porte en criant : « Rendez-vous ! » Aussitôt, l'officier, qui tirait son revolver pour se défendre, est ajusté par un des francs-tireurs et tombe mortellement blessé.

A la vue de l'officier tombé sur le parquet, le maire et l'instituteur, qui ignoraient la présence et le projet des francs-tireurs, se sauvent en s'écriant : « Nous sommes perdus ! »

On s'attendait à des représailles terribles, et, en effet, on apprit bientôt qu'une forte colonne d'ennemis se dirigeait sur Chennegy. M. l'abbé Brodard, curé de la commune, arrive sur les lieux ; on le prie de se rendre en parlemen-taire au devant de la troupe qui s'approche. Mais déjà le canon gronde du côté de la route de Troyes, et les coups de fusil éclatent de toutes parts.

M. le curé et l'instituteur se rendent aux vœux des habi-tants et vont au devant de la colonne. Mais il est trop tard, et ils n'ont que le temps de se sauver au presbytère pour échapper aux balles qui pleuvent comme grêle. Deux hommes du pays, Narcisse Costel, âgé de cinquante ans, et un jeune homme de trente-six ans, Sulpice Loyauté, sont tués dans leur fuite.

En moins d'une heure, les Prussiens occupent Chennegy, où ils font prisonniers le maire et l'instituteur, ainsi que les deux frères Morey, notables du pays, et leur font endurer toutes sortes de tourments, les frappant à coups de pied, de poing et de crosse de fusil. Ils s'emparent aussi de deux vieillards de soixante-dix ans, les mettent à cheval sur les affuts des canons et tirent sans relâche, depuis sept heures du soir jusqu'à cinq heures du matin, le lendemain. On peut juger dans quel état pitoyable étaient ces deux infortunés, après dix heures d'un pareil supplice !

Ces barbares ne savent qu'inventer pour assouvir leur cruauté. Ils s'emparent d'un domestique, bien innocent de tout ce qui s'est passé, le montent au clocher de l'église et le font descendre en le tirant par les pieds, la tête frappant chaque marche, et la marquant d'une tache de sang. Ils le jettent ensuite à l'eau, le retirent, puis le traînent à la maison d'école, lui mettent les bras en croix et tirent des coups de fusil autour de lui pour l'épouvanter, en le faisant passer par tous les genres de supplice.

Enfin, ils enduisent la maison d'école de pétrole et forcent leur même victime à y mettre le feu. Ils amènent alors les autres prisonniers, qu'ils ont liés deux à deux, en face de la maison incendiée, et les contraignent à assister à ce spectacle, en disant à l'instituteur : « Regarde-donc comme ta maison brûle ! », et ils le frappaient, s'il voulait détourner les yeux.

Leur œuvre de vengeance n'était pas terminée. Ils livrent la commune à un pillage de deux heures, enlèvent vingt-cinq chevaux, les seuls qu'ils trouvent, et toutes les voitures. Ils brûlent encore une maison à l'extrémité du village, appartenant au sieur Collet, dans laquelle ils avaient trouvé quarante fusils qu'ils brisèrent devant la porte.

Enfin, après avoir épuisé tous les genres de torture, ils emmenèrent leurs huit derniers prisonniers à Troyes, le 12 novembre, où le prince Frédéric-Charles les condamna à être fusillés. Les malheureux, après tant d'épreuves, ne durent leur vie qu'à l'intervention de Mgr Ravinet, évêque de Troyes, de M. Hippolyte Parigot, maire de la ville, et de plusieurs notables, qui demandèrent leur grâce. Cependant, on les retint encore prisonniers à Troyes jusqu'au 26 novembre, pendant les pourparlers de leur grâce.

Rentrés à Chennegy, ils furent longtemps à se remettre des mauvais traitements qu'ils avaient endurés, et des émotions et privations qu'ils avaient subies pendant leur incarcération.

Ici s'arrêtent ces notes manuscrites, écrites avec des larmes de sang, car l'auteur n'est autre que l'instituteur Simonnet, une des plus intéressantes victimes de la vengeance prussienne, qui ne put survivre aux terribles épreuves qu'il avait endurées, et qui mourut, le 2 mai 1871, en succombant aux atteintes d'une fièvre typhoïde contractée en maudissant ses bourreaux.

La population tout entière de la commune de Chennegy voulut donner au modeste et regretté fonctionnaire un témoignage de sympathie, en assistant à ses obsèques et en lui faisant élever un monument commémoratif aux frais de la commune.

Mais, à la suite de cette triste affaire, la compagnie des francs-tireurs de l'Aube, déjà singulièrement réduite, comme nous l'avons dit, au moment de l'arrivée des Prussiens à Troyes, mais qui avait fait ensuite de nouvelles recrues, se trouva de nouveau dispersée. Les uns se déguisèrent pour rentrer à Troyes, tandis que les autres se retirèrent du côté de Saint-Mards, pour continuer de tenir la campagne, où nous allons les suivre pour noter leurs principaux faits et gestes.

VIII. — Escouade établie dans la forêt de Chaource.

Vaines tentatives pour nuire à l'ennemi. Saisie d'un convoi de réquisitions. Cachette découverte. Licenciement de l'escouade. Le sergent Corberon, sous-lieutenant, annexé à l'armée de la Loire. Attestation du général Du Temple. Réflexions sur les francs-tireurs.

Quelques jours après l'affaire de Chennegy, les francs-tireurs se rendaient à Auxerre pour y vendre les chevaux qu'ils avaient pris à l'ennemi, après quoi ils revinrent dans le département de l'Aube pour continuer à inquiéter les Prussiens.

A leur retour, ils s'établirent dans la forêt de Chaource, qui leur offrait de grands avantages, tant pour faciliter un coup de main sur les convois de réquisitions, que pour dissimuler leur petit nombre. Car, il faut bien le dire, le détachement, déjà très faible à son départ de Troyes, malgré quelques nouvelles recrues en route, s'était encore sensiblement diminué par des défections, à mesure que la saison devenait plus rigoureuse, et que, d'un autre côté, la famille réclamait impérieusement la présence de la plupart de ces hommes au foyer domestique, pour protéger leurs femmes et leurs enfants contre les envahisseurs qui étaient venus s'asseoir à ce foyer et loger sous leur toit. Ne soyons donc pas trop sévères pour ceux qui, placés entre deux devoirs, obéirent à l'un après avoir obéi à l'autre.

Du reste, nous verrons plus loin, en parlant de la nouvelle compagnie des éclaireurs de l'Aube, que cette compagnie se recruta aussi, en partie, parmi les francs-tireurs plus particulièrement animés de l'esprit d'aventure.

Bref, le détachement ne forma bientôt plus qu'une escouade, qui se trouva placée sous le commandement des sergents Corberon, Geoffroy et Bourbon. Ces braves à toute épreuve se construisirent, au milieu de la forêt de Chaource, une hutte en bois, couverte de gazons et tapissée de mousse, dans le genre des loges de charbonniers, mais plus vaste, pour contenir toute l'escouade, soit environ vingt à vingt-cinq hommes.

Après s'être ainsi établi, le plus commodément possible, on s'occupa de reconnaître les environs et de surveiller les passages de troupes, en épiant les occasions de quelques bonnes captures.

Le 29 novembre, on se décida à aller attaquer la patrouille prussienne qui passait à Cormost, tous les deux jours, venant par la route de Troyes à Bar-sur-Seine, en passant par le Moulin-du-Buisson et Cormost, pour retourner à Troyes par la route de Chaource.

Vers dix heures du matin, nos hommes, embusqués au Moulin-du-Buisson, aperçoivent, à mille cinq cents mètres environ, la patrouille, qui se compose de sept cavaliers suivis par une vingtaine de fantassins.

Malgré leur infériorité numérique, les francs-tireurs veulent attendre cette troupe de pied ferme. Mais, sur les instances de la meunière, qui criait que l'on allait faire brûler son moulin, et surtout sur l'avis d'un étranger, qui assura que les Prussiens étaient informés de leur présence, et que les fantassins de l'escorte venaient exprès pour les combattre, nos hommes se décidèrent à regagner leur cantonnement.

Voyant combien il était difficile à une aussi petite troupe d'inquiéter sérieusement les Prussiens dans le voisinage des habitations, à cause des trahisons qui exposaient sans cesse nos hommes à tomber au pouvoir de l'ennemi, on résolut de renoncer aux attaques directes, et de chercher à nuire à nos envahisseurs, principalement en apportant toutes les difficultés possibles à leurs communications.

Le pont de Fouchères avait été miné avant l'arrivée des Prussiens, mais une faible partie avait sauté, puis on l'avait rétabli à l'aide de poutres. Mais les habitants, craignant une plus complète destruction de leur pont, avaient retiré la poudre des mines qui n'avaient pas éclaté, et l'avaient enterrée sur la voie. Les francs-tireurs, informés de l'endroit de ce dépôt, résolurent de s'en emparer et de l'utiliser, pour rétablir la mine et couper de nouveau la communication de l'ennemi.

Ils se rendirent donc la nuit, à l'endroit indiqué, et en retirèrent cinq barils de poudre qui furent ramenés à Rumilly-les-Vaudes et cachés en lieu sûr, en attendant le moment de pouvoir s'en servir. Malheureusement, une crue subite de la Seine, occasionnée par la fonte des neiges, ne permit pas d'en faire usage pour le moment.

Comme on le voit, nos francs-tireurs avaient la guigne et rien ne leur réussissait. Cependant, le 20 décembre, ils s'emparèrent, sur la route de Chaource, de six voitures de réquisitions en grains, farines et fourrages, que des habitants des communes voisines conduisaient sans escorte à Bar-sur-Seine. Ces réquisitions furent amenées à la ferme des Colons, où tout fut déchargé ; puis, on renvoya les voituriers, en leur donnant une reconnaissance de la saisie opérée, pour les couvrir vis-à-vis de l'autorité prussienne. Mais on sait ce que valait cette reconnaissance aux yeux des Prussiens, qui redoublaient la réquisition.

Le 23 décembre, on convint de prendre un congé de quelques jours pour aller passer les fêtes de Noël en famille, et de revenir le 29. Mais, avant de partir, on liquida le compte de la masse commune ; puis, on cacha les armes et les uniformes, qui furent enterrés avec la poudre, dans un endroit très retiré de la forêt. Malgré ces précautions, on ne devait rien retrouver. Pendant notre absence, un traître du pays indiqua la cachette aux Prussiens, qui, après s'être emparés du butin, faillirent encore prendre les hommes, qui furent prévenus à temps, pour ne pas tomber dans l'embuscade qui les attendait.

Par suite de cet événement, nos volontaires furent forcés de renoncer à continuer la guerre de tirailleurs, et la petite troupe se licencia. Les uns rentrèrent chez eux, tandis que les plus résolus s'engagèrent dans d'autres compagnies. Le sergent Corberon, notamment, se mit à la disposition de l'autorité militaire, et reçut un brevet de sous-lieutenant, pour exercer son commandement dans la compagnie des francs-tireurs qui l'avaient suivi.

Sur cette même pièce est libellée l'attestation suivante du général Du Temple, qui est un brevet d'honneur pour la compagnie tout entière :

« Les officiers et soldats de la compagnie des francs-
« tireurs de l'Aube ont fait toute la guerre à leurs frais, se
« sont distingués par leur bonne conduite et leur disci-
« pline ; ont rendu de grands services par leur courage,
« et, au moment du licenciement, sont rentrés dans leurs
« foyers, sans vouloir profiter de l'indemnité allouée par
« le gouvernement. Ils ont prouvé ainsi, par leur désinté-

« ressement, que s'ils n'ont pu sauver la France en
« combattant, ils ne voulaient pas, après ses immenses
« malheurs, augmenter encore ses charges pécuniaires.

« Nevers, le 28 février 1871.

« *Le général commandant l'armée de la Nièvre,*

« Louis DU TEMPLE. »

Ainsi fut terminée cette campagne, qui ne tint peut-être
pas tout ce qu'on en avait attendu, sans qu'il y ait pourtant
à récriminer contre ces volontaires. Du reste, les corps-
francs en général, et les autres, moins que celui-ci, n'ont
pas réalisé toutes les espérances qu'ils avaient fait naître ;
ce qui tint, surtout, aux vices d'organisation qui avaient
présidé à leur formation hâtive.

Evidemment, il n'y avait rien dans le franc-tireur du
guérillas ou du condottière ; mais on ne peut nier qu'à un
moment donné, au début de la guerre, il n'ait été d'un
très grand secours pour la défense du pays. Il y avait dans
les compagnies de francs-tireurs tous les éléments néces-
saires pour constituer un corps d'élite, comme nous l'avons
dit, et qui aurait pu occuper, dans l'histoire de cette guerre
de 1870-1871, la place qu'occupent, dans le récit des
batailles légendaires de 1792, les « bataillons de la
Moselle ».

Il leur a manqué l'homogénéité, l'unité de commandement, et, ce qui a fait défaut à tous nos soldats durant
cette fatale campagne : une tête dirigeante.

Il faut savoir tenir compte à ces braves volontaires du
dévouement dont ils ont fait preuve, quand les exemples
de défaillance des défenseurs en chambre n'étaient que trop
fréquents.

IX. — Les Eclaireurs de l'Aube.

Formation de cette compagnie recrutée en partie parmi les francs-tireurs, au moment de l'invasion du département de l'Aube. Le capitaine Sourd et leurs premiers exploits dans les départements de la Nièvre, de l'Yonne, de Seine-et-Marne. de la Marne et de l'Aube, leurs prises de deux convois.

Après la malheureuse affaire de Nogent-sur-Seine, du 25 octobre 1870, un lieutenant des francs-tireurs de la Loire, nommé Sourd, qui avait assisté à ce combat, et sur lequel les renseignements sont contradictoires, les uns le regardant comme un aventurier, les autres comme un chef intelligent, hardi, brave et capable ; ce qui n'est pas tout à fait incompatible ; ce lieutenant vint à Troyes pour recruter une nouvelle compagnie dont il voulait prendre le commandement.

Il réussit assez facilement, grâce à quelques ferments de divison qui existaient dans la compagnie des francs-tireurs de l'Aube, à l'approche des Prussiens qui allaient bientôt, comme nous l'avons dit, disloquer en partie cette compagnie. En quelques jours, cet homme énergique réunit une troupe de soixante volontaires, décidés comme lui, et qui prirent le nom d'*Eclaireurs de l'Aube.*

Cette troupe fut placée sous les ordres de MM. Sourd, capitaine ; Bordier, lieutenant, et Nérat, le boute entrain, sous-lieutenant. Ils partirent de Troyes le 7 novembre, à six heures du soir, pour se rendre à Bourges où ils devaient s'organiser définitivement et se mettre à la disposition de l'autorité militaire. On sait que c'est ce même jour qu'étaient partis de Troyes les derniers francs-tireurs de l'Aube formant l'escouade Corberon, dont nous avons suivi la marche et les péripéties précédemment.

Après avoir complété leur équipement et armement à Bourges, les éclaireurs de l'Aube furent envoyés à la Charité et placés sous les ordres du général Du Temple, où vint également s'enrôler l'escouade Corberon.

Les éclaireurs, toutefois, formèrent toujours un corps spécial. Ils furent envoyés plusieurs fois en reconnaissance sur des points assez périlleux, notamment à Douzy et à Varzy, dans le département de la Nièvre, où ils s'acquittèrent de leur mission avec bravoure et intelligence. Mais, après la retraite de l'armée de la Loire, ces hommes qui n'étaient tenus par aucun engagement formel, crurent pouvoir s'affranchir des ordres du général Du Temple, pour aller opérer, pour leur compte, dans les départements voisins envahis par les Prussiens. Cet affranchissement fut regrettable à tous les points de vue, car la compagnie des éclaireurs de l'Aube ne tarda pas à abuser de son indépendance, et à commettre des fautes et des erreurs dont ils eurent à rendre compte plus tard, et qu'il ne nous appartient pas de juger et d'apprécier ici. Du reste, la justice militaire s'étant prononcée sur les faits auxquels nous faisons allusion, c'est une raison de nous abstenir de toute appréciation favorable ou critique à ce sujet. Nous continuons donc à suivre leur marche et leurs exploits, d'après les notes journalières de notre correspondant qui, les suivant, leur était favorable.

Le 6 décembre, la compagnie partit de la Chapelle-Saint-Ursin et parvint à traverser les lignes prussiennes et à gagner les départements de l'Yonne, de la Seine-et-Marne, de la Marne et de l'Aube. Le 25, jour de Noël, la compagnie qui était logée au village des Ormes, dans le département de Seine-et-Marne, en partit à une heure du matin, pour aller attaquer la malle-poste prussienne de Montereau à Melun, qui devait passer, de midi à une heure, sur la route qui traverse le bois de Valence. On arriva à neuf heures sur le point indiqué, où devait passer, à peu d'intervalle, en se croisant, la poste de Montereau et celle de Melun. Le gros de la troupe, après avoir arrêté son plan d'attaque, prit aussitôt ses positions sous bois, tandis qu'un détachement de vingt hommes fut envoyé en reconnaissance sous les ordres du sous-lieutenant Nérat, pour arrêter une patrouille de sept cavaliers prussiens qui, d'après les renseignements reçus, venaient tous les jours reconnaître la route.

La neige couvrait la terre, le froid était intense, et nos hommes commençaient à s'impatienter, car il était deux heures de l'après-midi, et l'on n'avait pas déjeuné. Enfin l'on entend un bruit précurseur et, bientôt après, apparaît une voiture attelée de deux chevaux escortée par six cavaliers. C'était la dépêche de Melun à Montereau. Cinq hommes sont tués à la première décharge et le sixième est fait prisonnier.

On s'empare du butin qui est mis en lieu sûr, et l'on attend la seconde voiture qui ne doit pas tarder à arriver de l'autre côté. En effet, après une courte attente, pendant laquelle les hommes ont repris leurs positions sous bois, en observant un anxieux silence, on voit apparaître un convoi composé de trois voitures attelées chacune d'un cheval, conduites par trois Français et escortées par douze Prussiens. Aussitôt que ce convoi a atteint le centre de la ligne de tirailleurs, le feu s'ouvre comme la première fois, et, dix minutes après, chevaux et voitures sont au pouvoir de nos éclaireurs qui se dirigent, en toute hâte, avec leurs prises sur le village de Villeneuve-les-Bordes. Mais le lendemain 26, on apprend que 400 à 500 Prussiens se dirigent sur cette localité que l'on quitte pour se replier avec armes et bagages.

X. — Combat de Marcilly-Conflans.

Défaite des Prussiens, qui ont trois officiers tués, le 2 janvier 1871. Soldat prussien blessé, recueilli et soigné à Marcilly. Retour offensif des Prussiens, le 10 et le 26 janvier. Cruelles représailles à Marcilly et à Conflans. Habitants maltraités. Villages pillés, incendiés et détruits. Montant des pertes. Actes d'humanité.

Nous empruntons les renseignements qui suivent à un témoin oculaire des faits, qui, comme l'instituteur de Chennegy, fut victime de la brutalité des Prussiens, sans toutefois avoir succombé à leurs mauvais traitements.

Le 1er janvier 1871, la compagnie des éclaireurs de l'Aube, étant à Béthon (Marne), apprend qu'une colonne de soldats prussiens doit se rendre, le lendemain, à Marcilly-sur-Seine et à Conflans, pour réclamer à main armée des réquisitions, que les habitants de ces communes ne se décidaient pas à fournir.

Décidés à aller attaquer cette colonne, les éclaireurs quittent Béthon, le 2 janvier, pour aller prendre position dans le voisinage de Conflans, où l'on arrive vers cinq heures du matin. Après une attente de quelques heures, on apprend que les Prussiens sont informés de la présence des éclaireurs, auxquels se sont joints les francs-tireurs de Romilly, et qu'ils ne doivent pas passer où ceux-ci les attendent. Sur cette nouvelle, ils quittent leur première position, pour aller s'établir à proximité de la route, entre Marcilly et Conflans.

Il était près de dix heures quand on voit enfin apparaître, par la route d'Arcis, une colonne d'infanterie prussienne, forte de cent soixante dix-sept hommes, commandés par le duc-héritier de Mecklembourg et venant réclamer un troupeau de moutons, que les Prussiens accusaient les francs-tireurs de Conflans, faisant partie de la compagnie de Romilly, de leur avoir capturé.

Eclaireurs et francs-tireurs, formant un effectif de cent dix-sept hommes, s'étaient partagés naturellement en deux sections, pour prendre position, en arrière de Marcilly, de chaque côté de la route, et attendre là le passage de l'ennemi se rendant à Conflans, et l'attaquer à l'improviste, car c'était cette attaque imprévue qui leur donnait un grand avantage sur leurs adversaires.

Ceux-ci sont précédés de deux officiers à cheval, qui s'avancent au galop sur la route ; l'un est le duc-héritier de Mecklembourg, et l'autre, son ordonnance ou aide de camp. Les francs-tireurs font feu sur ces officiers, qui tombent mortellement frappés, et la fusillade s'engage aussitôt des deux côtés.

Malgré les avantages du nombre et de leur position, abrités qu'ils sont dans un chantier de planches, les Prussiens éprouvent des pertes sérieuses, et, après une fusillade, qui dura jusqu'à trois heures de l'après-midi, ils furent forcés à la retraite, après avoir perdu dans ce combat une centaine d'hommes, tant tués que blessés, plus ou moins grièvement, et, parmi les morts, trois de leurs officiers.

Quant aux éclaireurs et aux francs-tireurs, disséminés dans la plaine, ils n'avaient trouvé pour s'abriter que des petits monceaux de fumier, derrière lesquels ils tiraient couchés, en se dissimulant le mieux possible. Leurs pertes furent de deux morts et un blessé : Caffet, lieutenant des francs-tireurs de Romilly, fut tué, ainsi que Planchet, éclaireur ; tandis que Couturat, adjudant, sous-officier éclaireur de Troyes, fut grièvement blessé de deux balles dans l'aine.

Dans leur retraite, les Mecklembourgeois refluent sur Marcilly, déposent dans les dernières maisons du village leurs deux chefs blessés, et reprennent, à travers champs, la direction de Vitry, leur point d'attache, sous la direction d'un capitaine, également blessé, pour le transport duquel ils requièrent de force M. Marelle, notaire, avec sa voiture.

D'autres voitures sont également requises à la hâte pour le transport des autres soldats blessés. Mais le lieutenant Bordier, avec son détachement, poursuit les fuyards jusqu'à Saint-Quentin, et change leur retraite en une véritable déroute. Ceux-ci se vengent sur M. Marelle, qu'ils retinrent prisonnier, pendant un mois, à Vitry.

Les trophées de cette journée pour les vainqueurs furent trois chevaux, un fourgon, une voiture chargée de deux cents sacs de soldat, vingt-cinq mille cartouches et les malles des officiers.

Un soldat mecklembourgeois, blessé et abandonné dans la fuite, où il était tombé de la voiture qui l'emportait, fut recueilli par les Français et ramené à Marcilly, où il resta huit jours, jusqu'à ce qu'il fut en état de rejoindre son corps, et il reçut, pendant ce temps, la visite et les soins empressés des deux médecins de la localité. Ce soldat était protestant, mais cela n'empêcha pas le vénérable curé de Marcilly, — tout en respectant sa liberté de conscience, — de venir également le voir, chaque jour, et de lui offrir les consolations de la religion, au nom du même Dieu de pardon et d'amour, père de tous les hommes et de tous les peuples, qu'il a créés pour être frères et non pour s'entre-détruire.

Quelques jours après le combat précédent, des troupes prussiennes furent envoyées de Troyes à la recherche de nos éclaireurs, qu'elles ne parvinrent pas à rencontrer. Pour se dédommager, ces soldats saccagèrent complètement sept maisons de Conflans, présumées appartenir à des francs-tireurs, et en pillèrent également quelques autres à Marcilly et à Romilly, sous le même prétexte. En se retirant, le 10 janvier, ces troupes ramenèrent à Troyes le soldat blessé, qui était resté à Marcilly, en remerciant le propriétaire de la maison où il avait été recueilli et soigné avec tant de sollicitude, et qui n'était autre que le maire de la commune.

Mais, le 26 janvier, une escouade de cuirassiers prussiens arrive à Marcilly au galop par la route d'Arcis, en même temps qu'une colonne d'infanterie arrive sur la place publique, en venant par la route de Sézanne. A l'air menaçant et farouche de ces troupes, on comprend tout de suite ce que l'on doit craindre. Ces soldats se répandent partout, comme une avalanche, pour consommer l'œuvre de destruction dont ils sont chargés.

Mais, ici, je laisse la parole et la plume à mon honorable correspondant, qui n'est autre que l'abbé Collignon, le respectable curé de Marcilly-sur-Seine, qui, après tous les malheurs qui sont venus fondre sur lui et sur ses chers paroissiens, a trouvé de si éloquentes paroles pour solliciter la charité publique en faveur de leurs communes infortunes.

« Je fus saisi au presbytère, vers midi, écrit M. l'abbé
« Collignon, par quatre soldats, qui me conduisirent,
« l'arme au bras, sur la place publique, où je trouvai plu-
« sieurs membres du Conseil municipal, saisis et amenés
« là comme moi. Des soldats déroulèrent sous nos yeux
« des paquets de grosse ficelle, en nous faisant comprendre
« que nous allions être pendus aux crochets d'une lanterne
« servant à éclairer la place.

« M. le maire exhibe, en vain, le certificat des bons
« traitements dont avait été l'objet, à Marcilly, le soldat
« blessé. Le colonel, furieux, lui répond : « En guerre, le
« sentiment est de la bêtise. Vous méritez tous le *fusille-*
« *ment*, à commencer par vous, Monsieur le maire. »

« Après environ trois-quarts d'heure de station sur la
« place, nous sommes conduits à l'église et gardés à vue
« par des soldats. Là, il n'était question de rien moins que
« de nous fusiller tous. Enfin, après une longue attente,
« on nous laisse le choix entre la fusillade pour nous ou
« l'incendie du village.

« Nous sortons de l'église pour être ramenés sur la
« place, toujours avec force coups de pied, de poing et de
« crosse de fusil. Un violent coup de poing dans le dos
« m'abat à terre, et le soldat, qui m'avait frappé, me relève
« par les cheveux.

« Pendant ce temps, les autres soldats, tous ivres de vin
« et de fureur, envahissent les maisons du village, pillant,
« brisant et saccageant tout. Ils en chassent les femmes et
« les enfants qui, seuls, y étaient restés. On ne saurait
« dire tous les actes de barbarie qui accompagnèrent cette
« scène d'horreur. Ces enragés voulaient trouver des

« francs-tireurs partout. Ils firent sortir de leur lit des
« filles et des femmes malades, en menaçant de les brûler
« vives ; ils détachèrent les bandelettes de la jambe cassée
« d'un vieillard, prétendant que c'était un franc-tireur
« blessé d'un coup de feu.

« Enfin, des flammes s'élevèrent de toutes les parties du
« village, et cent trente-deux bâtiments, tant maisons que
« granges, furent anéantis à Marcilly, où le dommage net
« fut évalué à trois cent cinquante-cinq mille francs.

« Pour ma part, le presbytère fut totalement détruit
« avec mon mobilier et ma bibliothèque, valant, sans
« exagération, quatre mille francs. Je n'ai pu sauver un
« seul volume. »

Pendant que ces faits se passaient à Marcilly, les mêmes
scènes d'horreur et de destruction s'opéraient à Conflans,
même sur une plus grande échelle, car cette commune
compta deux cent quarante bâtiments incendiés et éprouva
des pertes matérielles s'élevant à quatre cent mille francs.
Ce village, en effet, était particulièrement un objet de
haine pour les Prussiens, parce qu'il avait formé un petit
corps de francs-tireurs.

Cependant, au milieu de toutes ces scènes de destruction et de désolation, il est consolant, et l'on est heureux
de constater que l'humanité ne perd jamais tous ses
droits,... même chez des Prussiens moins prussiens que
les autres. C'est grâce à ces honorables exceptions que
quelques maisons, à Marcilly et même à Conflans, durent
d'être épargnées de l'incendie, bien que les soldats, chargés
d'y mettre le feu, eussent fait semblant de·vouloir s'acquit-
ter de leur triste besogne, en s'y prenant de manière à ce
que la flamme ne pût se développer.

XI. — Suite et fin des éclaireurs de l'Aube.

Arrestations de marchands de grains à Nangis. Attaque de la gare de Villeneuve-la-Guyarde. Retraite de Châtenay sur Iverly et Chalautre-la-Grande. Licenciement de la compagnie. Arrestation des officiers, leur procès, condamnation du capitaine Sourd. Conclusion morale.

On a vu précédemment que les troupes prussiennes envoyées de Troyes, le 10 janvier, pour se mettre à la recherche des éclaireurs de l'Aube, dans les environs de Conflans, ne parvinrent pas à les rencontrer, car il était évident que ceux-ci, après le combat du 2 janvier, s'étaient empressés de se dérober à la poursuite prévue, mais trop tardive, de leurs ennemis.

Mais, sans les suivre pas à pas, si nous nous mettons nous-mêmes à leur recherche, pour signaler leurs dernières prouesses, nous les trouvons, le 18 janvier, à Saint-Loup, dans le département de la Seine-et-Marne. Là, le capitaine Sourd, apprenant que plusieurs marchands de grains, soupçonnés de faire avec les Prussiens un commerce considérable, devaient se rendre au marché de Nangis, théâtre de leurs accaparements, résolut d'aller s'emparer de ces fournisseurs, dont les habitants du pays lui avaient donné les noms.

Les arrestations opérées, la compagnie se retira en emmenant ses prisonniers, et vint coucher à Mont-Ramey, à quatre kilomètres de Provins. Le lendemain, on apprit que les Prussiens, au nombre de huit à neuf cents, étaient arrivés dans cette ville, à deux heures du matin, dans l'intention de s'emparer des éclaireurs, qu'ils croyaient surprendre. Mais ceux-ci, informés à temps de ce qui se passait à Provins, où l'ennemi avait cerné la ville, s'empressèrent de se diriger sur Hermé.

C'est là qu'il fut décidé du sort de plusieurs des fournisseurs arrêtés à Nangis.

Le capitaine Sourd, après ces arrestations, sur la légalité desquelles il était loin d'être rassuré, s'était empressé de remettre le commandement de la compagnie au lieutenant Bordier, et de se rendre à Nogent-sur-Seine pour rendre compte de ces faits à M. le substitut du procureur de la République, et de se concerter avec lui sur les mesures à prendre au sujet de ses prisonniers. Mais le parquet de Nogent ne crut pas devoir intervenir dans une affaire qui n'était nullement de sa compétence ; d'abord, parce que ces arrestations n'avaient pas été opérées dans sa circonscription judiciaire, et, ensuite, parce qu'il s'agissait d'une opération militaire qui ne relevait que de l'administration de la guerre.

Du reste, il est évident que le capitaine Sourd ne cherchait qu'à couvrir son acte de piraterie, en en faisant endosser ou partager la responsabilité avec une autre autorité que la sienne. N'ayant pu y parvenir, le capitaine revint à Hermé, où il assembla une sorte de conseil de guerre, pour statuer sur le sort de ses prisonniers.

Là, en présence du maire et d'un notaire du pays, qui n'avaient rien à voir, non plus, dans cette question, il relâcha plusieurs des fournisseurs, les uns sans condition, les autres sous caution. Deux seulement furent retenus, malgré l'offre qu'ils firent, d'après le capitaine Sourd, d'une caution de cinquante mille francs. Ces deux prisonniers furent envoyés, sous escorte, à Nevers, pour être mis à la disposition du général Du Temple, qui les fit relâcher aussitôt, sans les mettre en jugement.

Le total de l'argent de rançon reçu par le capitaine Sourd s'éleva à quinze mille six cent cinquante francs, dont il promit de rendre un compte exact, et même de restituer aux ayants-droit, après la guerre, si leur innocence, comme commerçants, était parfaitement établie.

Le 24 janvier, la compagnie des éclaireurs de l'Aube se trouvait à Châtenay et se disposait à attaquer la gare de Villeneuve-la-Guyarde, dans le département de l'Yonne. La compagnie opéra son mouvement de marche à neuf heures du soir. Pour arriver à la gare, il fallait traverser l'Yonne en bateau, car le pont était sauté ; mais les hommes opérèrent cette traversée sans coup férir, avec l'aide de quatre bateliers ; pendant que cinquante hommes, placés en arrière, faisaient le guet en cas de surprise.

L'attaque de la gare commença à une heure et demie du matin. Malheureusement, les Prussiens avaient été prévenus de cette approche, et ils avaient eu le temps de se barricader, en plaçant des matelas près des portes et des fenêtres, pour se garantir contre les projectiles. Malgré ces précautions, ils perdirent seize hommes, tués ou blessés, pendant l'attaque, qui avait duré trois-quarts d'heure, sans que les éclaireurs perdissent un seul homme. Mais l'ennemi avait eu le temps de faire jouer le télégraphe de Montereau pour demander des secours, et les assaillants durent songer à la retraite sur Châtenay, où ils arrivèrent à sept heures du matin.

Les hommes se disposaient à prendre quelque repos, lorsqu'ils apprirent que les Prussiens, informés du lieu de leur retraite, se disposaient à venir les cerner avec des forces considérables. Ils quittèrent donc Châtenay pour se replier sur Iverly.

C'est dans cette localité que le capitaine Sourd, se croyant sur le point d'être cerné et voyant ses hommes sans chaussures, prit le parti de distribuer à chacun la somme de quatre-vingt-douze francs, sur l'argent qu'il avait reçu en dépôt et à titre de caution des fournisseurs de Nangis, et dont il n'avait pas le droit de disposer. La compagnie quitta ensuite Iverly pour se retirer sur Cha-lautre-la-Grande, puis à La Saulsotte, où elle apprit la signature de l'armistice.

A partir de ce moment, la compagnie cessa toute opération militaire, et le récit de mon correspondant s'arrête ici. Mais il me reste à dire quelques mots du licenciement de cette troupe et de l'arrestation de ses officiers, qui furent traduits en conseil de guerre, à Nevers, pour répondre des exactions commises sur les fournisseurs de Nangis.

La compagnie, qui s'était augmentée en route par des recrues de toutes sortes, comptait à ce moment deux cent-dix hommes. On peut remarquer ici que deux cent-dix hommes, à chacun desquels on distribue quatre-vingt-douze francs, comme on l'a dit ci-dessus, représentent une somme totale de dix-neuf mille trois cent vingt francs, et, par con-séquent, supérieure de trois mille six cent soixante-dix francs à celle de quinze mille six cent cinquante francs, que le capitaine Sourd avait reconnu avoir reçue comme rançon des marchands de grains qu'il avait arrêtés.

Quoi qu'il en soit, la compagnie reçut l'ordre de son chef de se diriger, par petits détachements isolés, sur Moulins, où il voulait, on ne sait pourquoi, réorganiser un bataillon. Mais, arrivés à cette destination, le général Laperche, commandant la place, renvoya les hommes à Nevers, pour les remettre à la disposition du général Du Temple, qu'ils n'auraient pas dû quitter.

Là, les soldats furent désarmés et licenciés, tandis que les trois officiers furent arrêtés et emprisonnés, puis traduits en conseil de guerre, pour répondre du fait de s'être approprié diverses prises faites sur des sujets français.

Je ne m'appesantirai pas sur les détails de ce procès, qui dura deux mois, pendant lesquels les prisonniers furent renvoyés de Nevers à Moulins. Enfin, après une assez longue détention au château-fort de Moulins, une ordonnance de non-lieu fut rendue en faveur du lieutenant Bordier et du sous-lieutenant Nérat, tous deux de Troyes, contre lesquels il ne s'élevait aucune charge sérieuse. Quant au capitaine Sourd, malgré sa réputation de brave soldat, il fut condamné par le conseil à trois années de prison, pour s'être indûment approprié diverses sommes d'argent qu'il s'était fait remettre, à titre de rançon.

Comme on le voit par les expéditions et la conduite des uns et des autres, on ne peut pas et l'on ne doit pas confondre les francs-tireurs de l'Aube, qui formaient un corps d'élite irréprochable, avec les éclaireurs organisés plus tard et recrutés un peu de tous côtés, au hasard et sans choix.

Ces deux compagnies, il est vrai, s'étaient également placées sous les ordres du général Du Temple à Nevers; mais la seconde voulut reprendre sa liberté d'action pour opérer seule et sans contrôle, et c'est ce qui la perdit. On a vu, du reste, en quels termes élogieux le général Du Temple a rendu justice au patriotisme et au désintéressement des francs-tireurs; et l'on vient de voir le jugement, qui est une flétrissure pour le chef indélicat des éclaireurs de l'Aube.

Quant à la conclusion morale à tirer de ces faits, c'est qu'il faut profiter des leçons de l'expérience pour justifier le proverbe : A quelque chose, malheur est bon. Or, si la France avait, un jour, — ce qu'à Dieu ne plaise ! — une nouvelle guerre d'invasion à soutenir, et qu'elle formât d'autres corps francs pour concourir à la défense, il serait absolument nécessaire que ces volontaires fussent placés sous le contrôle de l'administration militaire, sous peine de dégénérer en bandes de pillards et de maraudeurs, et d'attirer sur les populations les plus graves calamités.

XII. — M. le Comte André Picot de Dampierre.

Sa naissance, sa famille, sa mort glorieuse à Paris, le 13 octobre 1870. — Ses funérailles à Dampierre-de-l'Aube le 9 août 1871. Détails sur cette cérémonie. Extinction de la famille Picot de Dampierre.

M. le Comte Anne-Marie-André-Henri Picot de Dampierre, petit-fils du général Picot de Dampierre, et dernier rejeton de cette illustre famille, était né à Dinteville (Haute-Marne), le 22 septembre 1836. Il épousa à Paris, le 15 décembre 1865, Mlle Valentine-Louise-Marie de Rougé, décédée à Dampierre, le 25 octobre 1869, sans laisser d'héritier à son mari, qui fut très affecté de cette perte.

En 1864, il avait succédé à son père comme conseiller général du canton de Ramerupt ; et lors de l'organisation de la garde mobile de l'Aube, il avait été nommé commandant du premier bataillon formé des arrondissements d'Arcis-sur-Aube et de Nogent-sur-Seine.

On sait comment ce brave jeune homme est mort glorieusement à la tête de ses troupes, le 13 octobre 1870, dans une sortie à Bagneux, au moment où il entraînait ses soldats, au milieu de la fusillade ennemie, en leur criant : Allons, mes enfants, ce n'est pas si terrible que ça ! et où il tomba frappé mortellement de deux balles au bas ventre.

Le corps de l'héroïque commandant qui, pendant le siège de Paris et sous la commune, avait été déposé provisoirement dans le caveau de l'église de la Madeleine, à Paris, fut ramené à Dampierre pour y être inhumé dans un caveau de famille.

La triste et touchante cérémonie des funérailles eut lieu le mercredi 9 août 1871, en présence d'un immense concours de population, accourue de toutes les communes voisines pour payer à la mémoire du vaillant soldat et de l'homme de bien le légitime tribut d'admiration, de reconnaissance et de regrets mérités, à la fois, pour sa belle conduite devant l'ennemi et ses actes de bienfaisance en faveur des malheureux.

Naturellement, toutes les notabilités administratives, militaires et religieuses du département, ainsi qu'un grand nombre d'autres personnages de distinction, dont la désignation serait trop longue à faire ici, assistaient également à ces obsèques.

A dix heures et demie, le cortège se met en marche pour se rendre de la chapelle du château, transformée en chapelle ardente, où le cercueil avait été ramené la veille de Paris par M. l'abbé Billiard, chapelain du château, et M. Tassin, régisseur du domaine de Dampierre, pour être transporté de là à l'église.

Le corps, renfermé dans un premier cercueil de plomb, enveloppé d'un second cercueil en chêne, était placé sur un riche corbillard attelé de quatre chevaux noirs caparaçonnés et tenus en main par quatre écuyers. Il était précédé par un piquet de gardes mobiles, par la musique de Dampierre, et par un nombreux clergé, et escorté par la Compagnie des sapeurs-pompiers. Immédiatement derrière le char, marchait le cheval de bataille du commandant conduit par son ordonnance. Les parents et amis du défunt, les officiers et soldats et la foule formaient une suite nombreuse que l'église, cependant assez vaste, ne pouvait contenir tout entière.

Le deuil était conduit par M. le duc d'Estissac et M. le comte de Larochefoucault, parents du défunt ; et par MM. le comte Félix de Rougé, le comte Paul de Rougé, le comte Casimir de Rougé, le vicomte de Neuville et le marquis de Sainte-Marie Montausier, du côté de la famille de feu Madame la comtesse de Dampierre.

Les cordons du poële étaient tenus par MM. le Préfet de l'Aube, le prince de Bauffremont, le Sous-Préfet d'Arcis, Bertherand de Chacenay Mutel et le marquis de Meyronnet.

L'église était toute tendue de noir. Une bande placée au-dessus de l'entrée principale portait les initiales P. D. (Picot Dampierre), avec un écusson aux armes de cette Maison, qui étaient : *d'or au chevron d'azur, accompagné de trois falots allumés de gueules, au chef de même*, avec deux sauvages nus armés de massues pour supports. Cet écusson était surmonté d'une couronne de comte et d'un cimier avec la salamandre, donnée par le roi François Ier aux Picot de Dampierre.

Des cartouches encadrés de feuilles de chêne et de

feuilles de laurier, et portant diverses inscriptions, étaient attachés à chacun des piliers, le long de la grande nef. Voici quelques-unes de ces inscriptions :

« Je suis frappé à mort, mais qu'importe : j'ai fait mon « devoir ». (Paroles du comte de Dampierre en tombant).

« Il est mort sur le champ de bataille pour l'honneur « et la délivrance de la patrie. C'est bien mourir ». (L'abbé Deguéry).

« Les mobiles l'adoraient. Ce n'est pas un chef qu'ils « regrettent, c'est un père qu'ils pleurent ». (Le R. P. Dufour d'Astaffort).

« Je donne à ce vaillant guerrier les regrets que parta- « gera l'armée entière ». (Général Trochu).

« Dieu et Patrie ! il leur a sacrifié sa vie ».

Le cercueil, porté à bras, depuis l'entrée du cimetière, fut placé sur un catafalque qui avait été dressé dans le chœur. Ce catafalque, surmonté d'une couronne funé- raire, était orné à sa tête de la panoplie des armes du Commandant avec son képi.

Pendant la grand'messe, la Société musicale, sous la direction de son chef, M. Athanase Charton, joua trois morceaux funèbres d'une large facture et d'une exécution parfaite.

A la fin de l'office divin, M. l'abbé Maistre, curé de Dampierre, qui avait officié, prononça le panégyrique de M. le Comte de Dampierre, dont il loua particulièrement la religion, génératrice de toutes les vertus, le courage et la bienfaisance.

D'autres discours furent ensuite prononcés sur le bord de la fosse ou plutôt du caveau ; le premier, par M. le commandant Mutel, qui rappela le serment fait par les mobiles de l'Aube, de venger la mort du comte de Dampierre, et de se trouver tous réunis au premier appel de la patrie ; le second, par M. Bertherand de Chacenay, secrétaire du Conseil général de l'Aube, qui rappela avec beaucoup d'à-propos la noble tradition des Dampierre que l'on vit toujours fidèles à leur belle devise : *Dieu et Patrie !* et le troisième, par M. Périnet, lieutenant des sapeurs-pompiers, qui, au nom de la compagnie, déposa une épée d'honneur dont elle avait fait hommage à M. le Comte, son chef et son bienfaiteur, quelque temps avant sa mort.

Le corps de M. le Comte André de Dampierre fut ensuite déposé à côté de celui de sa femme, dans un caveau de famille, situé à l'angle sud-ouest du cimetière.

Cette pieuse patriotique et touchante cérémonie se termina à deux heures de l'après-midi, en laissant à tous les assistants une impression qui grava plus profondément encore dans leur esprit et dans leur cœur le souvenir du regretté Comte de Dampierre.

Son père, Charles-Jacques-Pierre Picot, fils du général Auguste-Marie-Henri Picot, avait été aussi un militaire distingué. Il était colonel de dragons et officier de la Légion d'honneur avant de rentrer dans la vie privée, en 1819. Il fut appelé à la Pairie où il siégea jusqu'en 1848, et fut ensuite conseiller d'arrondissement, puis conseiller général du canton de Ramerupt, jusqu'à l'année 1864, où il fut remplacé par son fils, auquel il devait survivre plus d'un an.

Il mourut, en effet, au château de Dampierre, le 22 décembre 1871, à l'âge de 92 ans, et fut inhumé près de son fils. Avec lui, s'éteignit la famille Picot de Dampierre, qui possédait ce beau domaine depuis 345 ans.

XIII. — Combat de Nogent-sur-Seine, le 25 octobre 1870.

Récit de ce combat, entre une colonne de Wurtembergeois et des troupes françaises recrutées à la hâte, sous le commandement d'un officier de marine. Retraite des défenseurs, reddition de la ville ; les vainqueurs souillent leur victoire, en frappant à mort des civils inoffensifs et des soldats désarmés. Résumé de cette fatale journée pour les Français et la ville : quarante morts, cinquante blessés et deux cents prisonniers, plus les pertes matérielles résultant des incendies et des réquisitions et contributions de guerre.

Le 25 octobre 1870, vers huit heures du matin, la ville de Nogent-sur-Seine fut attaquée par une colonne de troupes wurtembergeoises, forte de mille huit cents à deux mille hommes, comprenant de l'infanterie, de l'artillerie et de la cavalerie, venant de Bray et se dirigeant sur Provins.

L'ennemi avait été signalé, dès la veille, comme devant passer ce jour-là, et des travaux de défense avaient été aussitôt commencés pour lui disputer le passage, en même temps que des secours avaient été demandés aux communes voisines, dont les gardes nationaux étaient accourus pour se joindre aux mobiles du Morbihan et aux francs-tireurs de la Loire, également arrivés, en toute hâte, pour prendre part à l'action. Mais il eut fallu devancer l'ennemi et s'emparer des hauteurs, qui, à l'ouest, commandent la route de Bray, et c'est ce que ne sut pas faire le capitaine de vaisseau

Lafon, qui commandait la défense avec des troupes dispa-
rates, inférieures sous tous les rapports à celles de
l'ennemi.

Dans ces conditions, il eut mieux valu ne pas tenter une
défense impossible et livrer passage tout de suite ; mais la
défense étant préparée, la question d'honneur ou d'amour-
propre se trouvait engagée pour les défenseurs, d'accepter
le combat comme il se présentait.

Maître de la position la plus avantageuse, l'ennemi bom-
barda la ville pendant deux heures, allumant des incendies
sur plusieurs points et faisant subir aux Français des pertes
sérieuses. Enfin, voyant l'inutilité et les dangers d'une plus
longue résistance, avec des troupes dont le courage ne
pouvait suppléer au défaut d'artillerie et d'armes à longue
portée, le commandant Lafon donna l'ordre de la retraite.
Aussitôt, M. Etienne, maire de Nogent, fit hisser le drapeau blanc parlementaire, et se rendit sur le lieu du combat en affrontant les balles qui continuaient de pleuvoir,
pour épargner à la ville de plus grands désastres.

Pendant ces deux heures de combat acharné, les pertes
furent sérieuses, de part et d'autre ; car des prodiges
d'héroïsme furent accomplis par les gendarmes de Nogent
et les francs-tireurs de la Loire, dont le brave capitaine
Mallet fut grièvement blessé de deux balles dans la cuisse.
L'ennemi paya chèrement sa victoire par la mort de plusieurs officiers et soldats et de nombreux blessés. Mais ce
qu'il y eut de plus fâcheux, c'est que les vainqueurs,
furieux de leurs pertes et de la résistance qu'ils avaient
rencontrée chez leurs adversaires, protégés par les murs
du cimetière, dans lequel ils s'étaient établis en partie,
souillèrent leur victoire en frappant à mort des particuliers
inoffensifs, sur le pas de leur porte, et des soldats désar-

més ou qui rendaient leurs armes ; notamment, des mobiles du Morbihan, qui s'étaient réfugiés dans une cave et qu'ils lardèrent de coups de baïonnettes.

En résumé, les pertes de cette fatale journée s'élevèrent, pour nos troupes, à quarante morts, cinquante blessés et deux cents prisonniers ; et, pour la ville de Nogent-sur-Seine, de grandes pertes matérielles, résultant tant de plusieurs maisons incendiées avec leur mobilier, que des réquisitions et contributions de guerre, dont le montant total s'éleva à plus de cent mille francs.

XIV. — Anniversaire du combat de Nogent-sur-Seine.

Cérémonie funèbre, religieuse et patriotique, sous la présidence de M. Casimir-Perier, ministre de l'intérieur. Nombreuse et pieuse assistance. Office à l'église. Monument au cimetière. Discours de M. Casimir-Perier et de M. le maire de Nogent-sur-Seine. Pose de la première pierre.

Le 25 octobre 1871, la ville de Nogent-sur-Seine, à l'occasion de l'anniversaire du combat dont nous venons de résumer les péripéties, célébra un service funèbre à la mémoire des victimes frappées à mort dans cette funeste journée.

Toute la ville avait pris ses habits de deuil ; les magasins étaient fermés et les maisons étaient pavoisées de drapeaux tricolores, surmontés d'un crêpe noir.

La présence de M. Casimir-Perier, ministre de l'intérieur, venu pour présider cette cérémonie, ajoutait un grand intérêt à cette touchante solennité, à laquelle assistaient également MM. les députés de l'Aube : Parigot, Blavoyer et Lignier ; ainsi que le préfet de l'Aube, le sous-préfet de Nogent, le général commandant le département de l'Aube, le chef d'escadron du 20e dragons en garnison à Provins ; plusieurs conseillers généraux et conseillers d'arrondissement de l'Aube ; les maires du canton de Nogent ; des officiers de mobiles, de mobilisés et de francs-tireurs ; M. Louis Ulbach, rédacteur de la *Cloche*, et plusieurs représentants de la presse parisienne et départementale ; ainsi qu'une foule de personnes et de notabilités diverses, qui s'étaient fait un pieux devoir de venir rendre un dernier hommage de gloire et de regrets aux nobles victimes du 25 octobre.

A sa descente du chemin du fer, M. le ministre de l'intérieur, accompagné du préfet et du général commandant le département, fut reçu par le sous-préfet et par le maire de Nogent, à la tête du conseil municipal. L'escorte d'honneur fut faite par la compagnie des sapeurs-pompiers de Nogent, commandée par le capitaine Poncy, et par un détachement du 71e de ligne, sous les ordres du capitaine Beaufront.

La belle église de Nogent, trop étroite pour contenir la foule émue et recueillie qui se pressait dans son enceinte, était toute tendue de draperies noires. Au milieu du chœur s'élevait un catafalque, également drapé de noir et décoré aux armes de Nogent et de Bretagne, en souvenir des victimes. Aux quatre coins du catafalque brûlait de l'encens dans des urnes.

Pendant l'office divin, une quête fut faite par Mme Casimir-Perier et par Mme Etienne, au profit des veuves et des orphelins de la guerre.

Après le service funèbre, le cortège se dirigea vers le cimetière, où M. le ministre de l'intérieur devait poser la première pierre du monument, qui allait être élevé en forme de pyramide quadrangulaire, avec l'inscription : *A la mémoire des habitants de Nogent-sur-Seine, des gardes nationaux et des mobiles du Morbihan morts pour la patrie, le 25 octobre 1870.*

Arrivé à la place destinée au monument, au milieu du cimetière et à la croisée des allées principales, M. Casimir-Perier prononça, d'une voix émue, les nobles et patriotiques paroles suivantes :

« Messieurs,

« Dans ce champ du repos éternel qui fut le théâtre principal du combat, le témoin muet de l'héroïsme des défenseurs de la Patrie, j'essaierais vainement de ne trouver que des paroles de deuil ; je me sens, malgré moi, entraîné par une patriotique fierté, après avoir pleuré avec les familles de ceux qui sont tombés, à les féliciter de l'honneur qui reste à jamais attaché à leurs noms. Le mois d'octobre est plein de tristes, mais glorieux souvenirs, pour le département de l'Aube.

« Le 25, Nogent succombait, après une vaillante défense, et l'ennemi s'y livrait, après la victoire, à de déplorables excès. Douze jours avant, sous les murs de Paris, au combat de Bagneux, le brave Dampierre, commandant le 1er bataillon de la garde mobile de l'Aube, tombait mortellement frappé, en tête de la 4e compagnie que commandait mon fils aîné.

« Rendons hommage à tous les braves, aux gardes nationaux, aux pompiers, aux volontaires de Nogent et des environs. Plusieurs, hélas ! ont payé leur dévouement de la vie, d'une blessure ou d'une dure captivité. Rendons hommage aussi à la gendarmerie, aux éclaireurs de la Loire, dont le digne chef fut, ici même, grièvement blessé ; à ces enfants de la Bretagne, à peine arrachés à leurs foyers, ignorant encore le métier des armes, arrivés la nuit, accablés de fatigue, et que le feu de l'ennemi a si cruellement décimés !

« Quelle guerre ! Quelle horrible guerre que cette invasion, devant laquelle s'effacent et pâlissent les souvenirs de 1814 et 1815 ! Que de désastres à réparer, et qu'ils sont coupables ceux qui ont attiré de pareils fléaux sur notre malheureuse France !

« Tous les pouvoirs publics, l'Assemblée nationale, le président de la République, les ministres et ceux qui ont charge de l'administration de l'Etat, sentent, croyez-le bien, la grandeur de leurs obligations et s'efforceront de n'y point faillir.

« Chers concitoyens, mes voisins, mes amis, vous, au milieu desquels s'est passée la meilleure part de ma vie ; vous, qui m'avez donné tant de preuves de confiance et d'affection, laissez-moi vous dire que je suis fier de vous appartenir ; je suis fier d'appartenir à cette sage et énergique Champagne, qui a su, dans le passé, qui saura, dans l'avenir, donner toujours l'exemple du respect des lois, de l'attachement à l'ordre et à la liberté, et du dévouement au pays.

« Il ne me reste plus à accomplir qu'une tâche qui m'est bien douce. Le gouvernement ne peut, malheureusement, donner à tous ceux qui l'ont méritée la récompense de leur courage. Je l'apporte à ceux qui, par leurs titres et par l'opinion publique, ont paru les plus désignés à la reconnaissance nationale.

« Il y a quelques jours, M. le docteur Chertier recevait la croix de la Légion d'honneur ; elle était due à son dévouement et à son énergie. Les témoignages publics qu'il a reçus me dispensent de faire son éloge, et sa modestie me le défend.

« Hier, j'ai pu donner, de la part du président de la République, au premier magistrat de cette ville, à M. Etienne, la récompense que lui avait décernée, par avance, la reconnaissance de ses concitoyens. Qui ne se souvient de son courage, quand, les troupes s'étant retirées, il s'est avancé au milieu des balles ennemies, pour traiter des conditions de reddition de la ville.

« Aujourd'hui, je viens, au nom de mon collègue le ministre de la guerre, remettre au capitaine Mallet, commandant des éclaireurs républicains de la Loire, la croix qu'il a conquise, au péril de sa vie, sur le lieu même où il la reçoit.

« Enfin, j'apporte à de braves gendarmes, à Ganne et à Poncet, la médaille que leurs services passés et leur conduite, pendant la journée du 25 octobre, me rendent heureux d'attacher sur leurs poitrines. Je regrette de ne pouvoir remettre ici la même médaille au maréchal des logis Bressant. Mais je tiens à ce que ceux qui ont été les témoins de son courage le soient aussi de sa récompense. »

En même temps, M. le ministre de l'intérieur attacha la croix de la Légion d'honneur sur la poitrine du jeune et brave capitaine Mallet, en lui disant : « Recevez cette croix « que vous avez si bien méritée ; c'est la première que mon « fils a portée. » Puis, il lui donna l'accolade aux bravos chaleureux de la foule. En remettant les médailles aux gendarmes Ganne et Poncet, M. Casimir-Perier les embrassa également, en disant : « Avec vous, j'embrasse toute « l'armée ».

M. le maire de Nogent prit ensuite la parole, pour rappeler, en ces termes, l'événement du 25 octobre, et pour remercier M. le ministre de l'intérieur d'avoir bien voulu assister à ce douloureux anniversaire :

« Messieurs,

« La ville de Nogent a su, en toute circonstance, faire acte de patriotisme ; elle ne pouvait faillir à ses précédents, elle ne pouvait affaiblir les souvenirs des valeureux dévouements dont elle avait déjà, en 1814, donné les preuves les plus éclatantes.

« A la nouvelle qu'une colonne allemande, forte de dix-huit cents à deux mille hommes, composée d'artillerie, de cavalerie et d'infanterie, se dirigeait de Bray sur Provins, en traversant son territoire, la ville de Nogent tenta de s'y opposer et de la refouler. La défense et la résistance furent décidées, deux bataillons des gardes mobiles du Mobihan se rendirent à son appel ; la compagnie des francs-tireurs de la Loire, commandée par son vaillant capitaine Mallet, et la brigade de gendarmerie, dont le courage vient d'être si éloquemment signalé par M. le ministre, apportèrent leur généreux concours ; les gardes nationales de la circonscription nogentaise et même de communes plus éloignées, à peine armées, n'ayant souvent que des faux et des fourches, dépourvues de munitions, mais voulant affirmer leur patriotisme, s'empressèrent également d'accourir.

« Malheureusement, l'issue de la lutte nous fut contraire ; après deux heures d'un combat acharné, alors que de violents incendies, allumés par les projectiles de l'ennemi, avaient éclaté sur plusieurs points de la ville, nos défenseurs se virent obligés de se retirer, mais non sans avoir infligé aux Allemands des pertes sensibles. Alors, cette horde, rendue furieuse par la résistance opposée et par la perte de plusieurs de ses officiers, se précipita dans nos faubourgs, la torche à la main, tuant et assassinant, dans les rues et dans les maisons, des habitants inoffensifs, des femmes et des vieillards.

« C'est à la mémoire des défenseurs de nos foyers, des gardes nationaux et des gardes mobiles, qui ont trouvé la mort dans ce combat ; c'est aux malheureuses victimes de ces atrocités d'un autre âge, que la ville de Nogent a voulu élever un monument ; c'est en leur honneur que vient d'être célébré, en notre église, un service funèbre.

« Vous avez bien voulu, Monsieur le ministre, assister à ce douloureux anniversaire ; vous avez voulu, par votre présence, dire et proclamer que si, en ce jour de lutte, le succès n'a pas couronné les efforts de nos soldats et de nos populations, la résistance n'en a pas moins été l'accomplissement honorable d'un devoir glorieux ; vous avez voulu, avec nous, rendre hommage aux dépouilles mortelles de nos victimes de la guerre.

« Une inscription, gravée à la base de ce monument, apprendra à nos descendants, à la postérité, que la première pierre en a été posée par M. Casimir-Perier, ministre de l'intérieur, le 25 octobre 1871, jour anniversaire des faits dont il est destiné à perpétuer le souvenir. »

La pose de cette première pierre, déjà mise en place, a lieu ensuite, selon les formalités d'usage qui demandent fort peu de temps, puisqu'il s'agit tout simplement, pour le personnage officiel, de sceller, par une truellée de mortier, la petite dalle servant de couvercle à la cavité pratiquée dans la grosse pierre, qui renferme des inscriptions, des monnaies commémoratives du monument en question.

Commencée à neuf heures du matin, la cérémonie était terminée à onze heures et demie. M. Casimir-Perier se rendait aussitôt à la sous-préfecture, où il recevait les fonctionnaires de la ville. Avant son départ, par le train d'une heure, pour retourner à Versailles, M. le ministre informa la municipalité nogentaise qu'il mettait à sa disposition une somme de deux mille francs, sur les fonds du Ministère de l'intérieur, pour être distribuée en secours aux familles des victimes de la journée du 25 octobre 1870.

XV. — Médaille des anciens combattants de 1870-1871.

Campagne de presse demandant une enquête sur les ayants droit. Ma première demande, cause de ce projet d'enquête. Seconde demande complétée. Médaille obtenue et envoi de M. Emile Hémard. Circulaire à la presse. Interview de la « Presse Associée ». Valeur des médailles indépendante du métal. Analogie entre la médaille de Sainte-Hélène et celle de 1870. Les diverses catégories de combattants.

Après avoir exposé, aussi complètement et aussi impartialement que possible, l'organisation et les faits et gestes des francs-tireurs de l'Aube, dont j'ai fait partie, et ceux des éclaireurs, sur lesquels j'ai été copieusement documenté, il me semble tout naturel d'ajouter ce chapitre, au sujet de la médaille commémorative destinée aux anciens combattants français survivants de la guerre franco-allemande de 1870-1871. Ce chapitre est d'autant plus utile et nécessaire qu'il explique pourquoi j'ai été amené à faire une campagne de presse très active, pour provoquer une enquête en faveur des ayants droit à cette modeste distinction, qui restent isolés et ignorés dans les communes rurales.

Même avant que cette médaille ne fut votée par la Chambre et le Sénat, les conditions d'obtention avaient été indiquées, d'une manière générale, par des communications officielles invitant les anciens combattants de 1870, sous les drapeaux de la France, à formuler leur demande et à l'adresser directement au ministre de la guerre. C'est ce que je fis, dès le 19 août 1911, en accompagnant cette demande des pièces à l'appui, visées et certifiées par le maire de Lhuître, constatant que j'avais servi, en 1870, comme engagé volontaire aux francs-tireurs de l'Aube ; que j'avais pris part, en cette qualité, à deux expéditions sollicitées ; et que j'avais, en même temps, mis ma maison et des lits à la disposition du service des ambulances, comme on l'a vu dans les chapitres précédents.

Plus tard, de nouvelles instructions ministérielles prescrivirent que les demandes émanant de corps-francs volontaires, non reconnus comme belligérants par les Prussiens, fussent appuyées d'une attestation d'honorabilité et de bons services, signée par deux témoins jouissant d'une notoriété publique qui fasse autorité. Je renouvelai alors ma demande, à la date du 10 décembre 1911, en l'accompagnant de l'attestation de mes deux amis, MM. Ernest Baltet, ancien conseiller général, chevalier de la Légion d'honneur à Troyes, et Célestin Moriat, rédacteur agricole au *Petit Troyen*, officier du Mérite agricole. Ce fut à la suite de ces deux demandes et d'une démarche obligeante de M. Théveny, député de l'arrondissement d'Arcis, que je reçus le diplôme de cette médaille, daté du 6 février, à Paris, avec le visa du Ministère de la guerre, sous le n⁰ 5.997, et celui de la Grande Chancellerie de la Légion d'honneur, sous le n⁰ 6.846.

J'ajoute que ce fut mon excellent cousin et ami Emile Hémard, principal clerc de notaire à Paris, professeur à l'Ecole polytechnique de Notariat, secrétaire général de la l'Œuvre de la Bouchée de pain, officier de l'Instruction publique, qui me fit le plaisir et l'honneur de m'offrir la médaille et ses insignes, en en doublant le prix par son aimable lettre d'envoi.

*
*   *

Lorsque j'avais fait viser les pièces de ma première demande par M. le maire de Lhuître, il m'avait dit, à peu près textuellement, ceci : « Je ne comprends pas, en vérité, que l'on puisse procéder de cette façon-là pour la distribution de la médaille en question, en se bornant à des indications et à des invitations générales qui ne touchent personne en particulier. Il est impossible, avec une pareille méthode, d'arriver à une répartition rapide et complète de cette modeste et précieuse distinction. Il n'y aura guère que les associations militaires, comme les Vétérans des Armées de terre et de mer, ayant leur siège dans les villes où ils sont assez nombreux pour se grouper, qui feront spontanément des demandes collectives. Quant aux anciens combattants isolés dans les campagnes, ils attendront qu'on les invite à faire viser et certifier leurs états de service à la mairie de leur résidence où ils sont connus, et comme cela devrait se faire pour s'y présenter.

« Du reste, ajouta ce brave et honnête maire, je suis, moi-même, dans le cas d'aspirer à cette médaille, ainsi que mon frère et deux autres camarades qui avons défendu

Paris pendant le siège, comme mobiles et comme mobilisés ; mais nous attendrons qu'on nous invite à produire et à faire contrôler et légaliser nos titres à la mairie, pour transmettre ensuite ces pièces au Ministère de la guerre chargé de leur donner la suite qu'elles comportent. »

Ces observations me parurent si justes et si logiques que je résolus de les exposer et de les soutenir dans une campagne de presse par la publication de divers articles, et notamment par la circulaire ci-après, adressée aux principaux journaux des départements, sans distinction d'opinion, en les invitant à reproduire cet article, afin de provoquer l'enquête locale demandée, dans l'intérêt de tous les ayants droit isolés.

MÉDAILLE DES COMBATTANTS DE 1870

Enquête à faire à ce sujet dans les communes rurales.

> La Presse est une serre chaude ou une couveuse qui fait éclore les bons projets et avorter les mauvais ; c'est pourquoi on doit lui soumettre tous ceux que l'on croit utile de solutionner.
>
> Arsène THÉVENOT.

Dans l'enquête relative à la recherche des anciens combattants de 1870, susceptibles de recevoir la médaille commémorative qui leur est destinée, le Gouvernement, ou, plutôt le ministre de la guerre, chargé de cette enquête, a procédé un peu par tâtonnements, en admettant successivement de nouvelles catégories d'ayants droit, qui lui étaient signalés comme étant vraiment dignes d'obtenir cette modeste distinction honorifique, qui ne doit rien à la faveur.

Mais, jusqu'à présent, le Ministère, qui a l'intention évidente de donner satisfaction à toutes les demandes légitimes, a reçu principalement les demandes collectives formulées par les sections des Vétérans des Armées de terre et de mer, et par quelques autres associations ou syndicats d'anciens militaires, organisés généralement sous forme de mutualités, dans les villes où ils sont assez nombreux pour cela.

Quant aux demandes individuelles, en petit nombre, qui se sont produites, elles émanent de quelques anciens combattants qui habitent la campagne, où, dans leur isolement, ils ignorent ce que sont devenus, depuis quarante-deux ans, leurs anciens compagnons d'armes. Mais, quant à la plupart des autres combattants ou ayants droit, qui habitent les communes rurales, on peut affirmer que les quatre cinquièmes au moins ne feront aucune demande ; les uns, parce qu'ils ignorent leur droit de le faire ; les autres, parce qu'ils en sont incapables ; et le surplus, par simple négligence.

Il y a donc là une injustice ou un défaut d'égalité, dont les habitants des campagnes — ces éternels oubliés ou sacrifiés — sont victimes, et qu'il serait d'autant plus urgent de réparer cette injustice ou cet oubli, qu'ils sont de nature à pousser de plus en plus à la dépopulation déjà si funeste des campagnes.

Mais comment procéder pour cela ? Oh ! il y a un moyen bien simple et bien facile de faire cette enquête et ce relevé, dans des conditions absolument plus régulières, plus sûres et plus expéditives que par tout autre système, et c'est sans doute pourquoi on n'y a pas songé ; car ce moyen naturel et logique consiste à faire une enquête administrative, dans un délai déterminé, dans toutes les mairies où les anciens combattants de 1870 seraient invités à faire viser par le maire, assisté de deux témoins, leur livret militaire, leur congé de libération ou toute autre pièce probante et authentique pouvant établir les droits à la médaille du titulaire de ces pièces, dont le maire attesterait l'existence et la régularité sur une feuille *ad hoc*, avec les nom et prénoms du postulant, qui signerait cet état, avec le maire et les témoins, pour être transmis ensuite, hiérarchiquement, par la préfecture ou par la gendarmerie, et centralisé au Ministère de la guerre pour y recevoir la suite qu'il comporterait, par la confection du diplôme ou brevet de la dite médaille, qui serait transmis à l'intéressé, par la même voie administrative.

De cette façon, comme on le voit, l'enquête serait complète ; elle ne subirait ni retards, ni difficultés, et il n'y aurait d'oubliés·

que ceux qui voudraient l'être. Ce qui serait justice, comme disent les avocats de toutes les causes qu'ils plaident, même en parlant des bonnes comme celle-ci.

Arsène THÉVENOT,
Ancien Franc-Tireur de l'Aube,
Vétéran de la Presse départementale,
à Lhuitre (Aube).

J'adressais également cette circulaire à quelques journaux de Paris, et notamment à la *Presse Associée*, dirigée, avec autant de talent que de succès, par M. Jean Bernard, qui, trouvant cette enquête aussi juste que nécessaire, me fit l'honneur et le plaisir de me demander une interview pour son importante publication dactylographiée, qui paraît, chaque semaine, par fascicules adressés aux journaux pour la reproduction. Cette interview parut ainsi dans l'édition du 6 février 1912 :

INTERVIEW EXPRESS

LA MÉDAILLE DE 1870

Ce que nous dit M. Thévenot :

Paris, 6 février. — On sait que le Parlement votait dernièrement la création d'une médaille de 1870. Un de nos confrères de l'Aube, M. Arsène Thévenot, mène une campagne pour qu'une enquête administrative soit ouverte, afin qu'aucun des ayants droit ne soit oublié ; M. Arsène Thévenot nous a exposé, ainsi qu'il suit, la nécessité de sa campagne.

— La création de cette médaille, nous a-t-il dit, fut, en effet, combattue vivement, par les uns, comme étant la glorification d'une défaite ; et défendue non moins énergiquement, par les autres, comme glorifiant une défaite honorable pour les vaincus, qui firent héroïquement leur devoir, ainsi que l'attestent les nombreux monuments élevés à la mémoire des glorieux morts de cette guerre funeste, et dont la médaille en question doit être la part légitime qui revient, comme souvenir, aux derniers survivants des anciens combattants.

Aussitôt que cette médaille fut votée, le ministre de la guerre fut invité à se hâter de la faire décerner aux ayants droit, dont les rangs s'éclaircissent de jour en jour. Cette hâte l'obligea de procéder par tâtonnements, avec l'intention évidente d'accorder cette modeste distinction honorifique à tous ceux qui pouvaient y prétendre, et qu'il invita immédiatement à lui adresser leur demande.

— Vous n'admettez pas cette manière de procéder ?

— Non, car elle aura pour résultat de ne favoriser que les anciens combattants habitant des centres de populations assez importants pour posséder un groupe d'anciens vétérans ou une association militaire quelconque, capable de faire une demande collective pour tous ses ayants droit. Et ce sont, en effet, ces demandes-là qui sont parvenues, les premières, au ministre. Quant aux anciens combattants isolés dans les villages ruraux, la plupart ignorent leurs droits ou ne savent pas les faire valoir.

— Que proposez-vous donc ?

— Je demande qu'une enquête administrative soit ouverte dans toutes les mairies, pendant un délai assez court, pour inviter tous les anciens combattants, comme les infirmiers et autres ayant rendu des services équivalents pendant la même période, à faire viser et certifier leurs titres : brevets militaires, congé de libération et autres pièces probantes et authentiques établissant leurs droits, par le maire assisté de deux témoins, lequel en prendrait note sur une feuille *ad hoc* qui serait signée par lui et les témoins, ainsi que le postulant, pour être transmise au Ministère, sans retard, par les voies hiérarchiques, pour y recevoir la suite qu'elle comporterait.

Et ainsi ne seraient oubliés que ceux qui voudraient l'être ou qui s'oublieraient eux-mêmes.
F. M. R.

Il importe de remarquer ici que, la *Presse Associée* étant un organe républicain gouvernemental, l'interview ci-dessus fut surtout reproduite par des journaux de même opinion ; ce qui lui donne plus de poids pour en faire admettre le principe.

Mais il faut dire aussi qu'il y a des gens qui n'apprécient la médaille de 1870 que d'après la valeur du métal dont elle est composée. C'est comme si l'on ne jugeait de la valeur d'un diplôme que d'après le papier sur lequel il est libellé, et non selon l'objet et les termes de sa rédaction.

Or, qu'on me permette, à ce propos, d'exprimer sincèrement ma pensée en disant ceci, sans orgueil et sans fausse vanité : Je possède un certain nombre de médailles académiques d'or, de vermeil, d'argent et de bronze, pour des travaux littéraires, historiques et statistiques, dont quelques-uns m'ont coûté de laborieuses et onéreuses recherches; mais, je déclare qu'il n'en est aucune à laquelle j'attache plus de prix qu'à celle-ci, parce qu'elle constate que j'ai fait simplement mon devoir de patriote et de Français, à une époque où l'on savait encore le faire. Or, cette vertu du patriotisme a d'autant plus de prix aujourd'hui qu'elle est devenue plus rare, depuis que l'antimilitarisme est venu sévir sur la France, où il n'avait jamais été connu.

Du reste, notre médaille de 1870 fut créée exactement à l'instar de celle dite de *Sainte-Hélène*, comme étant l'expression de la dernière pensée de Napoléon Ier pour ses compagnons de gloire. Cette médaille, instituée par décret de Napoléon III, en date du 12 août 1857, était destinée à honorer les anciens militaires survivants qui avaient combattu sous les drapeaux de la France, de 1792 à 1815 ; c'est-à-dire, pendant les grandes guerres de la République, du Consulat et de l'Empire.

Mais l'analogie n'existe pas seulement dans la ressemblance des deux médailles de bronze, elle est aussi dans le délai à la suite duquel elles ont été décrétées : l'une, en 1857, quarante-deux ans après 1815 ; l'autre, en 1912, quarante-deux ans après 1870. On aurait donc pu s'inspirer aussi, pour la distribution de cette dernière médaille, des instructions qui ont été données, en 1857, pour rechercher les anciens militaires susceptibles de revendiquer ce patriotique souvenir, et pour vérifier sur place leurs états de service, comme cela se fit dans toutes les communes de France.

Les combattants de 1870 forment deux catégories : ceux qui ont été appelés au service obligatoirement par la loi de recrutement, et ceux qui ont servi comme engagés volontaires. Les uns et les autres ont également fait leur devoir, et la médaille est la même pour tous ; mais l'insigne, c'est-à-dire le ruban des derniers, porte, sur une agrafe en argent, la mention : *Engagé volontaire*.

Mais l'on aurait pu, à la rigueur et avec justice, établir d'autres distinctions ; par exemple, mentionner également ceux qui ont été *blessés*, et ceux qui se sont distingués par des *actions d'éclat* ; soit, simplement, par cette mention en agrafe ; soit en donnant, aux premiers, une médaille d'argent, et, aux seconds, une médaille d'or.

TABLE DES MATIÈRES

XIV. — Anniversaire du combat de Nogent-sur-Seine.

XV. — Médaille des anciens combattants de 1870-1871.

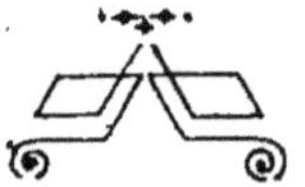